精準落實

八大落……，工作效率雙倍升級

大到一家企業，小到一個團隊，
掌握關鍵，老闆不「瞎忙」，員工不「裝盲」！

天下大事必作於細，古今事業必成於實

修訂版

· 偉大的目標為何變成口號管理？
· 詳盡的計畫最終淪為紙上談兵？
· 完善的制度到最後竟毫無作用？

徐書俊 —— 著

目錄

目錄

目錄

目錄

前言

無論是個人還是一家企業或組織，都渴望獲得成功，也都在為未來設計著一副宏大的藍圖。但可惜的是，最終的結果卻不盡如意。究其原因，無不是因為工作落實不徹底，可謂是成也蕭何，敗也蕭何。

很多企業將策略和願景掛在嘴上，貼到牆上，但沒有真槍實彈去做，僅流於「口號管理」。所以在面對失敗的時候，策略決策失誤自然成了失敗最好的理由。其實在多數情況下，策略和決策，都相當完美，也就是說完全有可能獲得成功，而最終導致失敗的原因就是企業缺乏落實力！因為工作部署有千招萬招，不落實也是沒招；規章制度有千條萬條，不落實也是白做。

有這樣一個故事就充分詮釋了落實的重要性。

某企業經營不善，瀕臨倒閉。萬般無奈之下，請了一位德國人了接管企業。企業員工也滿心期盼德國人用新的管理方式，說明企業度過這愁雲慘澹的日子。但出人意料的是，德國人來了之後卻什麼動作也沒有。制度沒變，人員沒變，機器設備也沒變。他只提了一個要求，那就是把原來的制度堅定不移落實下去。結果，不到一年，企業就轉虧為盈。

其實的德國的人的方法很簡單，就是落實，將規章制度不折不扣貫徹落實。因此看出，落實是做好一切工作的必要條件，落實，是每一位團隊成員義不容辭的責任。

落實是企業發展的動力源泉，落實是員工的完成夢想的起點。一個人能否落實他的職業規劃，決定了他在未來事業大小的標準；一個團隊能否落實發展計畫，決定了它日後的興衰廢立。大到一個企業小到一個團隊，落實力將決定它能否形成卓有成效的凝聚力和向心力。

尤其是在今天競爭激烈的社會，企業想要做大做強，就必須把工作落實到位，嚴格按照企業的規章制度都辦事。同樣，作為員工，如果想在未來有一個更好的發展，就必須把工作落實到位，不斷為企業創造更多的價值，這樣才能有一個更好的發展。

天下大事必作於細，古今事業必成於實。世界上任何一份工作的完成，都是落實的結果。沒有落實，再偉大的目標也只是空談；沒落實，再詳盡周密的計畫也只是紙上談兵；沒有落實，再完善的制度也很難發揮作用。所以，唯有落實到位，工作才能取得圓滿的結果；唯有落實到位，才能成就一番事業。

第一章　告別空談才能落實好工作

落實重在行動

法國前總理喬斯班就任宣誓時，稱自己的執政原則是：我說我做過的，做我說過的。這句話對落實做了精闢的概括。人的處事行為基本上可以分為以下幾類：先做後想，先想後做，邊想邊做，只想不做，只做不想，不想不做。如果你能夠清楚分析並看出自己屬於哪一類，那麼你還算是個聰明人。

落實，就必須像那些為生存而戰的街頭小攤販那樣執著；

落實，就必須把自己想做、要做的事情堅持到底，絕不輕易放棄；

落實，就必須「言必信，行必果」。

詹納是英國著名的醫學家，他發明的接種牛痘法讓無數病人脫離病痛，走向新生。這一項影響人類今後命運的發明，是詹納無意中受到一個現象的啟發，反覆研究多年才獲得成功的。

天花是一種很容易傳染的疾病。因感染天花死亡的人成千上萬，即使有倖存者，也會在臉上留下醜陋的瘟痕。作為一名醫生，詹納眼看著天天有人死亡，卻不能幫上一點忙，心裡感覺很痛苦。

一次，政府讓各地醫生統計一下當地因天花死亡或有瘟痕的人數。詹納去了村子的每一家之後發現，幾乎家家都有天花的受害者，但奇怪的是，在農場擠牛奶的女孩卻沒有死於天花或留下瘟痕。

詹納就問擠牛奶的女孩：「你們感染過天花嗎？乳牛感染過天花嗎？擠牛奶的女孩告訴他說：「牛也會感染天花。感染後，牛身上也會起一些膿包，叫牛痘。我們在為牛擠掉膿包的時候，也會被傳染，生一些膿瘡，但是並不嚴重，一旦恢復正常，就不會再感染天花了。」

詹納由此發現，凡是感染過天花、留下瘟痕的人不會再次感染天花。他想：或許是因為人在感染過天花後，體內產生了抗體。如果從牛身上獲取牛痘膿漿，接種到人身上，使接種的人也像擠牛奶的女孩患輕微的膿瘡，恢復後再也不會感染天花。

詹納把這個方法告訴了一位母親。這位母親只有一個十歲的兒子，視作心肝寶貝，為了防止兒子被天花感染，所以請詹納為兒子接種牛痘。當時正好有位擠奶的女孩感染了牛痘，他從女孩身上膿瘡上抽取了一些膿移植到少年身上，少年在開始的時候有些發燒，但後來就恢復健康。

詹納為了弄清楚少年會不會再次感染天花，他又冒著風險，把天花病人的膿移植到他身上。事實證明，少年沒有再次感染天花。詹納為了能讓更多人早日脫離病痛的折磨，就把這個方法做成小冊子發表，但人們並不接受他的好意，到處流傳著各種不利他的言論，有人甚至還嘲諷說：「如果把牛痘的膿移植到人身上，那麼人的頭上一定會長出雙角，發出哞哞叫聲。」

當詹納聽到這些冷嘲熱諷，很平靜說：「這是我的理想，並且關乎這千萬人的生命，無論結果如何，我是不會放棄的。」然後繼續進行他的研究，日以繼夜，不辭辛苦。後來他終於證明了自己的方法切實可行：如果把人的天花的膿移植到牛身上，牛就會得牛痘；如果把牛身上的膿移植到人身上，則可以免疫，而且絕對安全。

落實重在行動

或許時間是檢驗真理最好的標準。詹納用了二十多年的心血和努力得出的結論，終於被世人承認了。人們慢慢開始接受牛痘接種，後來，歐洲、乃至整個世界都接受了牛痘接種法。詹納成了人類當之無愧的救世主！

個人的發展是個艱苦的過程，充滿荊棘和坎坷，但這都不是沒有成功的藉口，真正將計畫落到實處，就沒有克服不了的困難。有的人遇到困難不去落實，停滯不前；有的人越是遇到困難就越能堅決落實，勇往直前。哪種人會成為成功的寵兒？相信每個人心中都有答案了。

如果只有夢想不去落實，那夢想永遠只能是夢想。天上不會掉餡餅，這是必須接受的事實。在市場競爭空前激烈的今天，如果沒有把落實放在行動上，就會被對手贏得先機，使自己處於被動地位。

著名手機生產商摩托羅拉就曾因落實不到位而讓對手獲得先機，例如二〇〇二年彩色螢幕手機熱銷，摩托羅拉卻未能大批量生產，致使部分市場市占率拱手讓給了對手三星公司。

在競爭中，這樣的案例數不勝數。落實不到行動上，或落實不到位，就會給對手留機會。如果反過來說，能夠落實到行動上，必然比對手搶先一步，那樣劣勢就可能變為優勢，贏得本來不屬於自己的機會。

二〇〇二年，A公司的幾名員工受莫斯科一家營運商的邀請來到莫斯科，他們要在短短的兩個月內，在莫斯科開通A公司第一個3G海外試驗局。

這家營運商並不止邀請A公司一家，之前還邀請了一家實力比A公司更強的公司，也就是說，A公司的員工是應邀前去調試的第二批技術人員。

如此一來，他們就和第一批技術人員形成一種「一對一」的競爭關係。由於實力不如別人，開始時莫斯科營運商對他們並不是很重視，不僅沒有給他們提供核心網機房，甚至不同意他們使用營運商內部的傳輸網。

因為缺乏基礎設施，所以很難展開工作。A公司的員工因此感到很大壓力，但是他們一直在思考怎樣才能做得更好，以贏得營運商的信任。

恰巧這時第一批技術人員在業務展示中出現一些小漏洞，引起營運商的不滿。為了彌補這些小漏洞，營運商決定將A公司的設備作為後備廠商。

A公司的幾位員工看到機會並且緊緊抓住，夜以繼日投入工作，把落實放到行動上，最終向營運商完美展示了他們的3G業務。營運商看完展演之後，禁不住豎起大拇指，立刻決定將A公司的3G設備從備用升級為主用。

就這樣，對手的失誤和落實沒有到位給A公司創造了機會。

A公司的員工將落實放在行動上的工作作風值得肯定和學習，他們遇到問題就去落實，並且把落實放到行動上，而更讓我們反思的是：在競爭中輸給A公司的那家公司，由於在展示中工作不到位，導致被A公司抓住機會並贏得項目，而自己前面所有努力都等於零了，這正是「落實沒有放在行動上」的真實寫照。

【落實箴言】

人的生命是一場正在熊熊燃燒的火災，一個人能做的也必須去做的，就是竭盡全力從這場「火災」中搶救出寶貴的生命。

落實計畫要切實可行

如今很多企業主管都缺乏從實際出發和面對現實的精神和勇氣，從而使他們養成一種不良習慣——只看到自己的優勢，而完全忽略了自己的不足。要做到認清事實不是一件易事，因為事實往往與美夢相差很遠，特別是在與其他公司相比較時，就更難正確面對現實了。

曾經有兩家非常相似的公司——彼得尼．鮑斯公司與信件和文件影印機公司，兩家公司擁有著幾乎一樣多的員工，相近的收入與利潤，股市行情也相差無幾。

然而，到二〇〇〇年，彼得尼．鮑斯公司員工已經增加至三萬名，總資產已超過四十億美元，而信件和檔影印機公司卻只有六百七十名員工，總資產與一億美元還相差一段距離。這裡面究竟有什麼「內幕」呢？

彼得尼．鮑斯公司的主管弗雷德珀杜說過這樣一番話：「當你掀開石頭，看到下面那些齷齪的東西，你要麼把岩石放下，要麼就告訴自己，你的任務就是要掀開石頭，看到這些齷齪的玩意，儘管這可能會使你感到非常噁心。」不光是弗雷德珀杜，彼得尼．鮑斯公司任何一位主管都說過類似的話，這說明他們具有敢於面對現實、實事求是的態度。

這種態度可以從公司的會議中體現出來，例如在新年過後公司的第一次經理會議中，一般會先用十五分鐘回顧上一年所取得的傲人成績，卻用二個小時來討論這一年中即將面臨的困境，這樣的時間分配不難看出該公司是多麼注重現實。該公司還設有一個專門的論壇，大家可以在那裡直抒己見，任何一名基層員工都可以向高層主管反映問題，也可以當面批評、提醒他們。這種現象非常普遍，已經成為彼得尼．鮑斯公司的優良傳統。信件和文件影印機公司卻非常缺少這種面對現實的精神。當然，這與該公司的領導者有直接關係。無論是作為CEO的洛依．艾施在信件和文件影印機公司實施了一些大膽的設想，但那些設想是只有IBM、全錄、柯達這樣的大公司才會有的，而對於一家只經營信件影印機業務的小公司來說，根本不切實際，洛依．艾施對那些近似不可能完成的計畫執迷不悟，固執的從那些還在盈利的項目中撥出資金，浪費在錯誤的投資上，同時也破壞了正常的業務運作，最終導致計畫失敗。後來，董事會解雇了洛依．艾施，但是公司也隨即宣告破產。

彼得尼．鮑斯公司與信件和檔影印機公司的情況形成鮮明對比：前者面對現實，承認現實的困難，然後去克服，最終取得勝利；後者沉浸於幻想，不願面對現實，一意孤行，終遭失敗。

在這一過程中，公司的領導者具有不可忽視的關鍵作用。如果彼得尼．鮑 斯公司的領導者在會議上大談公司取得的成績，而從不討論公司存在的弱點，還會有員工向高級主管們提出反對意見嗎？可見，要想使企業發展壯大，作為企業的領導者必須能廣開言路，實事求是，注重投投

落實計畫要切實可行

資的計畫的可行性。企業如此，那麼作為個人在落實計畫的時候，更應該小心謹慎，一旦考慮不周，盲目行動，結果必然是得不償失。

保羅是一家國際貿易公司的普通職員，雖然他的薪資不是很高，但工作比較穩定，關鍵是他在工作中可以接觸國際貿易運作規則，這是他夢寐以求的。

他利用自己的英語優勢，迅速掌握了外貿英語。又學習了國際貿易法律、法規和慣例。幾乎所有的薪資都被他用來買書、培訓、學電腦、查資料了。他的老闆在業務上對他的幫助也很大，不論是合同的擬訂，貨物的報關、查驗、還是外商的談判，都讓他參加。很快保羅就成了公司的業務精英，職位也晉升了兩級，但薪水還是不盡理想。

而這期間，保羅周圍幾個同事都看準機會紛紛自己創業去了，而且一個個都好像一夜致富似的，很是風光，保羅看看自己仍是在「貧困線」上掙扎，不僅心旌浮動。尤其是他的那幾個暴富的同事老是對著他吹風：「快自己創辦公司吧，做網路生意很賺錢，只要你肯做，每個人都能賺大錢，人人都能發財。」

他再也禁不住誘惑，鼓足勇氣和幹勁也開創了一個小公司，專門做時下正熱門的網路生意。但「錢景」並沒有像保羅想像的那麼好，剛註冊公司才三個月，IT業的低谷就來臨了，很多小公司紛紛倒閉。

保羅雖然也是勤勉經營，四處奔波，可就是走不出不景氣的循環。他的小公司才維持經營了兩年，終因一筆欠款沒收回來而破產了，他的賺錢夢也徹底破滅。他為此付出了沉重的代價，存款沒了，工作沒了，而且還要背負沉重的債務。

保羅之所以失敗，除了聽信別人的意見之外，還有很大一部分原因就是，沒根據當前形式卻結合自己的優勢去仔細分析，看看自己到底適不適合吃這口飯，結果因為計畫不切合實際，不僅沒能讓他脫貧致富，還親手砸了自己飯碗。

無論是企業還是個人，在制定工作計畫的時候，必須基於現實，不能好高騖，遠、眼高手低，唯有如此此，落實計畫才能有實現的那天。

【落實箴言】

工作落實脫離實際，就會與現實條件相差太遠，當然也不可能得到落實，落實也就最終成為一句空話。

落實，是解決問題的開始

實際上，工作也好，人生也好，成功者與失敗者的分水嶺，就在於前者能夠勇敢解決問題，闖過道道難關邁向勝利；而後者像鴕鳥一樣把頭鑽進沙子裡，對問題視而不見，指望別人替自己把問題解決好，或者幻想問題會自動消失。

那些一步步走向成功的「幸運兒」，他們從不迴避問題，從不懼怕困難。他們總是積極思考，善於透過現象看本質，從而找出有效解決問題的辦法，所以，他們就能夠克服別人所克服不了的困難，解決別人解決不了的問題。

傑克現在是一位千萬富翁，不僅生意做得風生水起，而且家庭和睦幸福，有一對兒女，生活過的有滋有味。但是在他成功的背後，曾有過一段痛不欲生，驚心動魄的日子……

當年，傑克和福特公司是生意上的合作夥伴，互相都賺了不少錢。後來在經濟衰退的巨大衝擊下，傑克和別的許多家的公司都陷入了這個大漩渦，除了欠下一大筆債之外，還有一些翻臉不認人的債主揚言在規定時間內不還清錢的話，就上法院解決。而事實上，不僅有人起訴了他，更有甚者，還花錢雇黑手黨，上門逼債。在這種山窮水盡，又整天擔心家人安全的情況下，公司倒只是時間問題。

在種種事情的打擊下，傑克開始變的消沉，沒有勇氣去公司，更沒有勇氣去面對跟隨他多年的員工。他甚至能想到，只要他只一踏入公司，討債的人就陰魂不散圍在他身邊，斥責聲、怒罵聲，不絕於耳。所以，他經常在在外面失魂落魄遊蕩著，藉此逃避殘酷的現實。

有一天，他在公車上，無意中讀到一本雜誌，其中一則記載了一位人士花重金買下一家瀕臨倒閉的公司，透過一段時間的營運，公司竟然起死回生，開始有了盈利。

傑克忽然被這個新聞徹底激發醒悟了。「這家公司和我的現狀難道不一樣嗎?為什麼他能力挽狂瀾，拯救公司破產倒閉的命運，我為什麼不去做?我應該也可以做的到。」傑克好像看到了一線希望的曙光，他開始研究市場經濟的走勢，以及怎麼按規律落實他的想法。

第二天一大早，他紅著眼睛，匆忙去了公司。所有的員工都驚奇看著老闆，好像在看一個陌生人。

傑克也沒顧那麼多，直接讓祕書把所有債權人電話都整理出來。然後開始給每一位債權人打電話，落實他第一步的想法：「請你再寬限一些時間，只要再過幾個月，我一定會連本帶息還給你……」他的語氣極其誠懇和自信，當然，這也最容易打動人。

果然，傑克所有的債權人，包括那個雇黑手黨的債權人，都被傑克誠懇和自信所打動，答應了他的要求，再寬限他一些時日。

這樣一來，負債的所有壓力一消失，他開了一個動員大會，極具鼓動的演講和對未來美好的描繪，使得全體員工一掃往日的陰霾，幹勁十足落實了傑克的全部工作計畫。

也正是因為做了大量的前期工作，使得傑克的公司接下了很多訂單，不久，他就將所有的外債全部償還清了，而且公司也逐步走上正軌，開始盈利了。

就這樣，傑克用勇氣落實了他的計畫，終於走出困境，有了今天這一番事業。而有很多和傑克有同樣遭遇的人，相繼在等待中破產，生活窮困潦倒。

在遇到一些困難時候，要想具體落實時候確實很不容易，需要極大的勇氣和耐心，而且有時候還會出現新的問題和走彎路。但是最終，具體落實的工作態度會成為自己個人價值的一部分，形成自己的做事風格和習慣。養成具體落實的工作習慣，就是掌握個人進取的祕訣。當一個人意識到解決問題要以具體落實為基礎時，他就朝自己的目標成功邁出了最重要的一步。

正如英國作家勞倫斯所說：成功的祕訣，是要養成迅速去做的習慣，要趁著潮水漲到最高的一剎那……非但沒有阻力，並且能幫助你迅速成功。

作為公司員工更應該如此，及時把工作落實到位，在展現了你的才能的同時，也為公司創造了利益。相反的，推脫或不去落實，不僅會失去最好的機會，更會給公司造成損失，這樣的人怎麼會獲得別人的信任呢？有了任務就要及時去落實，這才能解決問題的最佳方式。

小王是在一家私人藥廠擔任品質監督的工作，他深知藥品一旦市場上架，關乎著千萬條人的性命，所以絲毫不敢大意，工作幾年來，一直都是勤勉不懈。有了小王的嚴格把關，藥廠生產的藥幾乎很少出現品質問題。因此，小王得到了很多主管的信賴和賞識。也可以說，日後藥廠的規模不斷擴大也有小王的一份功勞。但是，隨著小王的工作量增加，他的權力也比以前大了許多，因此應酬不斷，工作自然就鬆懈了下來。

有一次，一批剛研製出來的胃藥經審核市場上架後，有消費者在服用後，有不良反應。藥廠廠長立馬讓小王查明真相，並拿出一個應對方案，給消費者一個說法。可是，小王憑著幾年的工作經驗武斷該藥已經透過了國家的雙重檢查，出現問題的機率很小，部分不良反應是正常的，因此十分自信這事不要緊，過兩天處理也來得及。

結果沒想到，幾天後，問題開始嚴重起來，出現不良反應的人越來越多，更為要命的是，此事還被媒體曝光大肆渲染，藥廠名譽掃地。後來，還是廠長親自出面，才平息了此事，但藥廠元氣大傷。當廠長知道小王沒有及時處理這件事情，雷霆震怒，撤了他的職務，還扣了一年的獎金。

而且，小王還不知道，廠裡決定下個月就提他為部門經理，結果因為自己沒及時落實自己的責任，斷送了自己的前途。

一個人能一時把工作落實到位很容易做到，但是將落實當成一種習慣堅持下去，確實很不容易做到。所以看過小王的故事後，我們更應該時刻提醒自己：在今天這個時間如金的年代，就算認真都有可能錯失良機，更何況是束之高閣不去落實呢？

在如今競爭激烈的社會中，幾乎所有人都在喊誠信、講落實，但真正被大家都認同的卻寥若晨星，其原因就在於問題的解決沒有以落實為基礎。只有踏踏實實把承諾落到實處，才能把工作做到最好。

【落實箴言】

解決問題要以落實為基礎，抓住問題的癥結所在，對症下藥，以便真正抓好落實，這才是解決問題的正確態度。

落實不到位，是失敗的前兆

一個人在實際工作當中，如果不能把工作落到實處，那麼，他永遠只會唱高調，不管實效；遇到困難就繞著走，碰到矛盾就推諉於別人，這不僅會成為解決問題最大障礙的同時，自己也得不到發展。如果一家企業不能落實工作，制度就會成為紙上談兵，業績就成了空談，最終只能以失敗告終。

全錄公司曾經不僅是一個叱吒風雲的企業，對於美國人來說，它也是一個傳奇。全錄公司的傳奇源於二十世紀最偉大的發明之一——靜電複印技術，正是因為這項發明，使全錄公司迅速崛起，從一九六二年開始，便堂而皇之躋身於全球五百強企業的行列，成為全球影印機業的領頭羊。

但正是這樣一家大為成功的企業，最後卻被競爭對手無情併吞。那麼，究竟是什麼原因致使全錄落得如此下場呢?深究原因，卻忍不住叫人直呼可惜。

全錄公司長期憑藉靜電複印技術，穩居行業老大地位，但是時間一久，就放鬆了對市場變化的警惕。公司高層主管依然沉浸在過去取得成績中，沾沾自喜，而新產品千呼萬喚，始終不見創新的蹤影。

當傳統的影印機已經很難與電腦等新型的辦公設備匹配使用時，全錄公司仍然埋頭生產自己的老式影印機。此時，日本的佳能公司已經開始生產出一種新型的數位影印機，並且馬上推向市場，深受人們的歡迎。

此時的全錄公司的盈利功能開始衰退，再加之新產品的研發工作停滯不前，而佳能公司仍然繼續努力，不斷推出迎合市場的新型產品。當數位化時代到來的時候，表面強大的全錄公司已經到了勉強維持運轉的地步。

二〇〇〇年，全錄公司的影印機在美國市場已經失去了三分之一的市占率，佳能影印機自然毫不客氣的坐上了美國影印機市場的頭把交椅。到了年底，幾乎陷入絕境的全錄公司不得不以．五點五億美元的價格將股權轉讓給了日本富士公司。

商場如戰場，如果一個公司對市場上不斷更新換代的產品毫不在乎，在發現公司開始不在盈利的時候，依然沒有主動反思自己的錯誤，落實不力的問題沒有引起重視，導致了最後的失敗。

當然，想要落實也很不容易，還要注重細節，講究過程，要做就做到最好，落實就要落到位。或許讀了下面的故事，你就會有所啟發。

有三個人，相約共同去攀登一座很高的山。

第一個人每往上爬一步，就喜歡回頭看一眼。他十分清楚自己在做什麼，也很看重自己的成績，所以他要時時刻刻知道自己究竟爬到哪裡了。這樣，他爬了一段，就覺自己爬的夠高了，心想「應該快到山頂了吧？」就仰頭向上看去，可山頂還離他很遠呢。這個人突然覺得自己爬山很沒意思。他說：「我費勁爬了半天，什麼時候才能到山頂？既然一時半會爬不到山頂，那還不如不爬呢。」所以，他就下山回家了。

第二個人一鼓作氣爬到了半山腰，才停了下來。這當真不容易，不但別人有些驚異，就連他自己也佩服自己能爬這麼快。他決定停下來休息一下，往半山下看看，再抬頭向半山上瞧瞧，心裡很是得意。他說：「老子一口氣爬到半山腰！總得來說雖然不多，但是一下爬這麼多，還真有些累了；但是說到成就，老子這也不算少。剩下的山，我就等著別人用轎子抬我上去也不算過分吧。這點資格，老子還是有的。」這話並不是玩笑，他真是這麼想的，也是這麼做的，所以就舒服的坐在地上，翹起二郎腿，等別人用小嬌子抬他上山。但事與願違，似乎並沒有人願意去抬他；假如他自己沒主動上山或下山，或許現在還在那望眼欲穿等有人來抬他呢。

第三個人似乎是一個很普通的人，也許就是因為他太普通了，他覺得爬山並不是很容易，但也不是太難，他認為別人能爬上去，他也就能爬上去，所以沒必要把自己看的一無是處，也不必在自己爬上去而沾沾自喜，平常心對待就好。就這樣，他只是默默一步步往上爬，距離山頂也就越來越近了；而到了最後，他真站在了山頂上。

在這三個人當中你能發現自己的影子嗎？那麼，你願意做哪一個人呢？

落實就要實事求是，落實不力註定是失敗者。

第一個人遇到困難的時候，連嘗試克服困難的勇氣也沒有，落實不力，那麼成功又從何而來呢？第二個人遇到困難是想著去克服，但是沒能堅持下去，半途而廢，落實不堅決、不徹底，還是等同落實不力，結果當然是失敗；第三個人呢，他在一開始就沒把遇到的問題當成困難，只是踏踏實實，以一顆淡然的心去落實，那麼，成功自然是水到渠成的事情。

很多時候，落實並不意味著沒有能力去做，而是原本就沒有打算去做。就像第一個人和第二個人，他們並不缺乏能力，只能沒能落實到行動。

因此，我們非常有必要了解落實不力的根源，只有這樣才能找到問題的癥結所在，以便對症下藥，真正把工作落到實處。事實證明，落實不力的根源表現在以下幾個方面：

■團隊成員意識不到落實的重要性

從古至今，人對自由的追求，造就了今天的缺乏落實文化，從春秋戰國時百家爭鳴，到魏晉盛行的清談之風，時時刻刻體現著這種不落實的現象，並且「薪盡火傳」千百年，影響至今，以至於現在很多組織成員意識不到落實的重要性，在工作中不能有效落實。

主管沒有將落實當做長期工作

主管沒有準備長期落實工作是落實不力的一個重要原因。想要抓好落實，落實主題就要掌握一定的工作技巧，善於區分輕重緩急，把握主次矛盾。但是，實際工作中，有許多人缺乏這種落實的工作技巧。

只有在了解落實不力的根源後，在工作中就會有意識的避免，這樣才能消除一些解決問題的障礙，保證落實工作順利進行。

【落實箴言】

落實不力，意味著失敗；落實不力，意味著危機；落實不力，意味著生命的代價；落實不力，意味著一切都是空談。

遵循流程是落實工作的基礎

任何企業或個人，一旦要加強落實，就必須重視流程的作用。如果沒有流程，而盲目落實，那麼就等於沒有落實，問題依舊無法得到解決。

落實工作可以從很多方面來進行，其中一個重要內容是確保工作中的安全問題。安全是一個較為廣泛的概念，對於一個企業而言，員工的人身安全就是最大的收益。

因此，在落實工作時，員工要樹立起強烈的安全意識，在確保的自己的安全情況下，才能為企業創造更多價值。

他是一名鍋爐班長，在工作的二十多年裡，他總是銘記自己的工作職責，以高要求、嚴格的標準要求自己。為了能嚴格遵循工作流程，提高機組安全運行管理水準，確保員工的人身安全，每天他總是風雨無阻第一個上班，進入生產現場查看機組運行情況，認真傾聽值班人員對生產情況的分析彙報。他的苛刻是出了名的。「對事不對人」的工作態度讓他「得罪」了不少人，但是，他的一言一行又深深影響著他班組的每一個成員，不到兩年的功夫，他就帶了出了五名鍋爐師傅，這在其他班組是難以達到的。

一次，鍋爐吹灰機不能正常工作，需要有人立即查明是什麼原因導致吹灰機不能正常工作，維修人員小宇接到電話立即進入現場進行檢查，查找到原因後，小宇似乎忘了通知鍋爐人員，便挽起袖子，拿起工具開始工作。他發現了這個情況，及時制止了小宇，嚴厲讓他按照程序寫好維修單再開始工作。

小宇不理解他的一片好心，反過來抱怨他說：「本來幾分鐘就能解決的問題，讓你這麼折騰，非得半個小時才能完成。」要是別人聽到這話，必然勃然大怒，但他卻笑著說：「好小子，還敢頂撞我。但你應該知道這裡的規矩，在查明極其故障原因後，按照工作流程，必須先通知鍋爐人員，開出維修單，等鍋爐人員做好安全措施後，才能開始工作，這樣才能保證你的人身安全。」小宇聽了，一臉羞愧低下了頭。

在工作中他雷厲風行，不論是誰，只要違反了規章制度，他都會嚴厲制止，但是在工作之外，他對待每一個人都像對待自己親人一樣。也正是如此，到今天為止，他帶的班組沒有發生過一起事故。

他的故事很多，是主管眼中最放心也是最得力的幹將之一。

他就是這樣一個嚴格按照工作流程工作的一個人，嚴厲而又溫情。

很多企業發生重大事故的原因，就是因為不按照流程辦事、盲目落實造成的。因此，我們在工作中要建立流程，這樣可以使工作有序進行，不至於發生事故，在工作出現錯誤時可以及時分析出哪個環節發生了問題，並且由於流程中的每一個環節都有負責人，所以很容易就可以找到相對的負責人。

因此，任何人都不能輕視流程，不按照流程辦事。只有遵守流程，才能把工作更好的落實到位。一般而言，落實要遵守以下三大流程：

重視人員流程

人員流程在企業的所有系統中是最為重要和關鍵的，如果一個企業不具備一套科學和完善的人員流程體系，則永遠無法充分發揮其潛力，做好人員流程要從以下幾點做起：

①提拔有能力的員工

具有落實力的人通常自動自發，注意細節，為人誠信、負責，善於分析、判斷和應變，樂於學習，有創意，對工作有幹勁，人際關係良好，具有強烈求勝欲望等特點。主管要具備挑選人才的能力，特別是對於能力較強員工的提拔。

②身為主管要信任下屬

作為主管，要信任自己的下屬，不要束縛他們的手腳，給他們自由發揮的空間，以便更好的開展工作。既要委以重任，又要授予權力，使其能承擔責任，忠於職守。當發生問題時，主管要勇於承擔責任，幫助他們總結經驗，給予有力的支援。同時也要認可下屬的工作態度，理解他們的內在需求，信賴他們的工作能力。

③注重開發員工的價值

主管應善於開發員工的價值，有效提高員工的工作績效，增進企業的創新能力，造就良好的文化氛圍。開發員工的價值，首先要注重培養員工的操作細節、承擔工作責任的能力，其次使其養成善於發現問題、積極思考問題、努力解決問題的習慣，增強員工的工作能力。

重視策略流程

一個企業無論具有多麼偉大的目標與構思，多麼完美的操作方案，如果不能強有力落實，最終也只能是紙上談兵。企業的所有成效都要靠落實來實現，但是，如果策略本身出現問題，那麼肯定不可能達到預期的目標。因此，落實必須重視策略流程，概括起來有以下三點：

①　**制訂重視落實的策略**

首先要確認並界定策略背後的關鍵課題，為確保長期計畫的成功，應明確短期與中期做什麼，確認計畫所依據的假設和條件是否正確，清楚是否有人員能夠落實策略，或者能夠挑選到策略落實的人才，有環境變化時的備選方案或調整方案。

②　**明確制訂策略者**

策略計畫的實質內容必須由工作的主管主管負責規劃，因為他們了解企業環境，有組織能力，可以引入各類觀念，了解很多想法是否可行，知道企業需要哪些創新能力，他們能夠權衡風險、評估各類選擇方案，也懂得如何解決某些重大或難以解決的課題。

③　**按步驟執行策略**

制訂策略方案的最終目的是指導企業員工做正確的事，其執行過程的意義在於把事情做正確，而正確的策略是執行意義的來源。好的策略應該與執行相匹配，因此，管理者制訂策略後也要參與執行，只有在執行中才能及時並準確發現策略目標能否實現，從而可以及時依據執行狀況調整策略，這樣才能夠有效達成目標。

重視營運流程

營運流程是為企業員工指明路徑，並將長期的規劃分解成短期目標，以達到目標。營運流程最關鍵一步就是工作目標的分解和計畫。作為企業的領導者，在目標分解的工作上主要應該抓哪些呢？透過分析總結，包括以下三點：

①**健全機制**

有了健全的機制就等於企業建立了良好的自我調整系統，對外部相關環境的變化能夠自發敏感反應、快速行動。這是所有企業避免大的災難，保持健康發展的重要保證。

②**明確體制**

企業管理的根本問題就是體制問題，體制主要是確立決策管理者和執行落實者的地位，明確兩者的責任、權利和義務，明確兩者之間的關係，健全激勵和制約機制，從而充分發揮兩者的作用。

③**布置工作**

很多工作落實不到位，究其原因，問題出現在「盲目」兩個字上，根源在上面，而不在下面。管理者在布置工作的時候，只有做到任務明確、目標明確、標準明確、人員明確、責權明確、利益明確、考核明確、落實才不至於盲目進行。

【落實箴言】

在工作中要建立流程，這樣才能使工作有序進行，而不致雜亂，不按照流程辦事、盲目落實等於沒有落實。

光說不練，永遠也解決不了問題

落實絕對不能停留在口號上，一定要拿出行動來，空談是解決問題的絆腳石。在落實中可能會遇到各種各樣的困難，這就需要我們鼓起勇氣，踏步向前走，用雙腳、用行動去跨越空談這一絆腳石。

美國著名作家奧格·曼迪諾時時刻刻告誡自己：「我要採取行動，我要採取行動……從今以後，每小時、每一天都要重複這句話，一直等到這句話成為像我的呼吸習慣一樣，而跟在它後面的行動，要像我眨眼睛那種本能一樣。有了這句話，我就能夠實現我成功的每一個行動，有了這句話，我就能夠制約我的精神，迎接失敗者躲避的每一次挑戰。」

然而，現在很多人在工作中，好大喜功，急於表現自己的能力，在理論上往往是往往是口若懸河，滔滔不絕，但是對於工作落實的具體方法、關鍵措施卻很少費心思、動腦筋、花精力，其結果必然不盡如人意，終究走向失敗的結局。

范先生博士畢業後進了一家中型公司。還未等他正式入職，公司就傳的沸沸揚揚的，公司至成立以來，這可是來的第一個博士，怎麼能不叫人好奇呢？而且老闆也是樂得喜笑顏開的，好像總覺得自己找到一塊金子了！

范先生的水準果然了得，剛來沒兩天，公司開行銷會，會上他也講了兩點，觀點深刻，切中問題要害，震住了在場的所有人。這下，人們都覺得老闆請他當高級顧問真是明智之舉。

而范先生自恃自己是博士身分，再加上深受老闆的器重，所以他認為自己的優勢比其他任何人都強，似乎早就忘記了自己是新人的身分，公司裡的大小事務，只要他看著有問題的，他都不留情面的指出來，而老闆對他這種積極態度也很欣賞，所以他在公司的地位更高了。

但范先生畢竟剛參加工作，時間一長，大家都發現了他的弱點，那就是他的理論知識淵博，卻沒有一點實際經驗，加上性格有點偏執，第一次見客戶就弄得自己下不了台。

那客戶本來是由張先生負責的，范先生看了張先生的企劃案後，對張先生的能力產生了懷疑，認為他做的實在是太爛了。但是張先生和這位客戶合作了一年多，對客戶已經很了解，他說這是案子就是為客戶量身訂做的，但范先生對給張先生講了一大堆理論，要求和他一起去談這個客戶。

談話是在飯桌上進行的。范先生口如懸河為客戶講了很多公司的成功銷售案例，又為客戶描繪了未來的宏圖，起初，客戶不知道范先生的來頭，還隨聲附和，到後來，客戶實在是聽不下去了，便毫不客氣打斷，然後舉起酒杯對他說：「我們公司還沒有那麼長遠的規劃，就目前這個合作，我們喝了這杯酒就能解決，你要是喝了這杯酒，我們就簽訂單；要是不喝酒，就別浪費時間了。」

范先生一聽這話就愣在那不知所措，幸虧張先生出來打圓場，替范先生解了圍，最後，客戶看在張先生的面子上，總算簽了訂單。

透過這件事情，老闆也發現到了范先生的問題，他要求范先生以後多參加一些和客戶的溝通工作，最好少發言，只是跟著銷售經理聽，這樣可以累積一些工作經驗。但是范先生總是找不到自己的位置，堅持認為自己是行銷方面的專家，他說自己有那麼多成功的案例，一定要講給客戶聽，這樣客戶可以信任他，也就會認同他這個專家的。

所以每次和其他銷售經理去見客戶的時候，他總是一副資深專家的模樣，給客戶灌輸他那一套理論，但結果根本沒人想聽，而且還把這些銷售經理弄到怕了，每次約見客戶都悄悄溜走，生怕范先生跟著來會惹麻煩。

范先生開始發起了牢騷，說他這是最先進的銷售技術，只是我們的客戶根本就不懂銷售。看范先生的這架勢，頗有些英雄無用武之地了。范先生的表現老闆是看在眼裡的，他又和范先生談了話，推心置腹說：「我們公司的規模不大，客戶也都是小客戶，你的理論功底雖然好，但真到了商場上，恐怕就不是你所能控制的了。」老闆之所以和范先生說這些，就是希望范先生先踏踏實實地做出點成績，不能做這些沒有多少實際意義的理論空談。

但是范先生並沒有把老闆的話放在心上，做了不到半年，老闆似乎也明白了，也許我廟太小，放不下這位專家，與其讓范先生這樣紙上談兵工作，還不如再找一個能做事的銷售經理來的划算。最終，還是請走了范先生。

「光說不練假把戲」，在今天的社會，有很多像范先生一樣的人，說起來天下第一，做起來卻力不從心。明明自己不懂得東西，卻弄得要別人以為他懂，整天只會以專家的口吻講一些長篇大論，但實際上卻沒有一點實際意義，更不可能為企業創造什麼價值了。

所以，我們要明白空談是絕對是行不通的，必須在落實上下功夫。因此，我們必須正確處理「喊口號」與「落實」的辯證關係，做到知行合一、言行一致。有些時候確實需要一些口號和宣傳，但不能僅僅局限於喊口號、搞形式、做樣子，更重要的是要抓好工作的落實。要拿出更多的時間、精力與智慧，多思考、多研究，多出台一些切合實際的好決策、好辦法、好措施，在落實上下真功夫、苦功夫。

在H集團的電冰箱生產線上，所有的工序品質都可分解為一千九百六十項品質標準，根據這一千九百六十項品質標準，H集團編製成品質手冊，人手一冊。每一道工序，每一個人應負的責任，違反條款該受的處罰等都有詳細的說明。透過這種方式，品質就成為整個生產過程中的一個重要環節，具體落實到每個人頭上，而不是空洞的口號。他們明白，口號再華麗，也都是空泛的，只有行動才是最真實的，因為行動起來才能產生結果。在員工的眼中，產品只有兩種：優質品和廢品，除了這兩種產品，根本不存在第三種。

由此可見，「高標準，零缺陷，精細化」品質觀念具有巨大的功效。H集團約有百分之四十的產品銷往國外市場。如果品質管制不嚴格，產品品質不堅實，H集團的產品可能在國際市場上縱橫馳騁嗎？H集團總裁認為：什麼叫不簡單，能千百遍把一件簡單的事始終做對，就是不簡單；什麼叫不容易，能把大家公認的非常容易的事情認認真真做好，就是不容易。能做好不容易的事，做好不簡單的事，我們的產品才能贏得苛刻的德國人的認同，在國際市場上才能站穩腳跟。

H集團的落實，為企業的發展與壯大奠定了堅實的基礎。其實，任何組織，最重要的工作就是落實。沒有落實，所有的決策均無效用；沒有落實，所有的工作都無法完成。落實不僅是一個員工的責任，更是一個領導者、一個公司必須具備的一種觀念和能力。

要把各項工作落實到位，就需要每個人都具備落實的觀念。工作就是要實實在在做，不帶有虛假，不走形式，不空談。「天下大事必作於細，古今事業必成於實。」只要我們堅持落實的理念，養成「落實，落實，再落實」的工作作風，就能邁向更新、更快的發展快車道。

【落實箴言】

口頭的推測不過是一些憑空的希望，實際的行動才能產生決定的結果。

能發現問題，更要動手解決問題

現實生活和工作當中，有很多人非常聰明，能敏銳發現很多問題，但就是遲遲不見行動，總要等到時機完全成熟後才動手解決，認為這是解決問題最完美的方式。確實，完美是每個人所追求的目標，但我們不能忘了，工作就是講求一個效率，若是苦苦等待所謂成熟時機，還不如馬上動手，找一個解決問題的方案。

一個十分有能力的員工，能發現公司存在的問題，但就是不願意動手徹底解決問題，那麼，他永遠也不會成為一個優秀的員工。

有「打工皇帝」之稱的唐駿當年在微軟公司還是一個小程式設計師的時候，發現了Windows

在語言開發模式上存在著錯誤，同時，他還發現身邊的同事也發現了這個潛在的錯誤，甚至有的人還草擬出解決方案上交到高層。

唐駿曾經嘗試自己創業，做過老闆，知道老闆最討厭員工毫無主見讓自己提建議。老闆會對既能提出問題，又能拿出解決方案的人有好感，但一般不會委以重任。老闆最欣賞的是，除了能做到前面兩點以外，還能論證出方案可行性的人。這些都是唐駿的親身體驗，當然，也正是這點成就了唐駿的事業。

唐駿在微軟公司與其他員工相比，在技術方面還很薄弱。若是和同事以技術相抗衡，即使用多年時間，他頂多當個工程師。唐駿深知自己的弱項，因此，他另闢新徑，找了另一條路，避免同他們在技術方面的正面競爭，走差異化的競爭路線。後來他找到了自己的核心競爭力，並不斷挖掘和發揮到了極致。

既然僅僅提交書面方案沒能引起高層的注意，唐駿決定開始自己動手找到解決的方案，他開始了瘋狂的加班，對自己開發的模式進行實驗論證，並得到了一個完全可行的依據。然後，唐駿給高層寫了一份詳細的書面報告，提出了解決問題方案，並且連自己所編製的程式也寫到了報告中。

結果，這份報告引起了公司高層的注意，唐駿的頂頭主管評價唐駿時說：「你不是第一個提出這個問題的人，也不是第一個提出解決方案的人，但是你是唯一一個證明方案可行性的人。」

後來，唐駿回憶起這件事深有感觸說：「一個好員工不僅要能提出意見還要能提出解決方案，這樣才會得到老闆的重視和信任。」確實，他在走差異化競爭路線的過程中，還懂得動腦子，不僅能發現問題、提出問題，還能拿出解決問題的方案，最終取得了巨大的成功。

我們在工作中會遇到各種各種的難題，而是否有能力解決問題則成了員工是否優秀的標準。而事實上，主動去解決一些難題，不僅是你的職責所在，更是展現你才能的最好機會，畢竟，晉升機會肯定會留給那些能圓滿解決問題的員工。

也許在這個世界上並不缺少一些才華橫溢的人，但那些既有才華又能腳踏實地工作的人，終將會成為公司最受青睞的對象。作為公司這個大家庭的每一個員工，都應該團結互助，在解決好個人工作問題的同時，還要共同解公司所面臨的問題，因為公司的發展是和員工的前途是緊密聯繫的。公司不僅僅是所有員工的利益共同體，也是員工快速成長進步的舞台；在為員工提供了工作機會，也為員工日後成就一番事業奠定了基礎。

大凡有成就的人，不可能在問題出現的時候，就已經想到了解決問題的辦法，而是在遇到問題的時候，能夠積極去尋求一個最好的解決方案，然後盡快去做，這才是最理想的做法。

所以，當我們在遇到問題的時候，不要總是患得患失，猶豫不決，要有勇氣去解決它，要毫不猶豫去落實你的方案，只有這樣，你才有可能擁抱成功。

【落實箴言】

落實是解決問題的「生命線」，沒有把想法變成現實的決心和能力，所有的問題都無法得到解決。

認真多一點，別為不落實找藉口

很多人都有這樣的親身經歷：清晨正在做著美夢的時候，鬧鐘將你驚醒，想著自己所訂的計畫，同時卻感受著被窩裡的溫暖，一邊不斷對自己說：「該起床了！」，一邊又不斷給自己賴在床上尋找各種藉口。於是，在恍惚不安中又躺了五分鐘或者十分鐘。

一位成功學家說過這樣一句話：「你的藉口如果能換成美元的話，相信你的財富會超過比爾．蓋茲。」

發現問題習慣拖延，而不去落實，會使你變成懶惰的白日做夢者、行動的侏儒；使你辦事拖拖拉拉，當天的事總要留到明天，明日復明日，萬事成蹉跎。不僅僅這樣，你還會找出很多原因，例如場地沒聯繫好，該找的人沒有找到等，可是這樣的理由如果重複幾次後，老闆就會認為你沒有工作能力，或者對工作不夠盡心盡力，在為自己的懶惰找藉口，當然也就不會賞識你了。事實證明，發現問題時，拖延而不落實要付出沉痛的代價，每個員工都要為不落實而負責。

王麗是某公司的廣告企劃，是一個典型的拖延工作者。為此，她沒少受主管批評，但她從來沒把主管的批評放在心上，當著主管的面，唯唯諾諾，再三保證一定改過自新，可是一轉身，就把主管的話忘到腦後，依然行我素，工作還是繼續拖延。

週一剛上班，經理通知她寫一份材料，是關於下週一產品介紹會的報告，這個會議意義重大，有很多平時公司不容易接觸的大客戶也參加，經理再三叮囑她材料有一定難度，要多找一些相關的資料，必要的時候加一下班。

王麗已經養成了拖延的習慣，面對這樣重要的工作任務，竟然沒有一點壓力，既沒有查資料，也沒有加班，而是心不在焉想著下班去練瑜伽保持身材，因為這幾天小腹上的贅肉又開始多了起來，順便還得問問瑜伽老師髮型是在哪做的，有時間她也要做一個。

好不容易盼到了下班時間，她第一個衝出公司大門，直奔瑜伽館。

就這樣，材料一直拖到最後期限的一晚，她才開始著急起來，拿起同事給的材料一看，發現有很多看不懂的地方，但是一看時間，已經快凌晨一點了，具體的資料也沒打電話去核對，只是含含糊糊的，把一些疑點掩飾掉，到了早上八點鐘才草草收工去上班。

在大會上，老闆看著這份介紹自己的公司產品的材料，臉色漸漸陰沉起來，結果因為沒有完全介紹出產品的特點，讓這些大客戶大失所望，王麗這時候才感到了愧疚和不安。

散會後，老闆鐵青著臉看也沒看王麗一眼就走了。王麗也深知自己以後在公司的日子肯定不好過了，便主動辭職了。

從王麗身上，我們可以看到「拖延而不落實」是最具破壞性、最危險的惡習，它可使人喪失主動性和進取心。

倘若你存心拖延、逃避，你就能找出許多理由來為自己辯解，如果你發現自己經常為了沒完成某些工作而製造藉口，或是想出千百個理由來，為沒能如期實行計畫而辯解，那麼現在正是該面對現實好好檢討的時候了，否則你會為此付出沉痛的代價。

愛默生曾說：「去吧，把你的願望化為實際行動，落到實處！」這句話對很多人產生了影響，不管你有沒有自信心，有沒有絕頂的智慧，有沒有更多的財富，只要你去做了、去落實了，而且把每一個細節都落到了實處，你就一定會成功。落實產生生存力。有了生存力，我們才能談發展；有了生存力，我們才能觸及財富。

如今，T公司已家喻戶曉，很多人認為T公司的誕生和發展是互聯網的一個傳奇，但誰又真正探究過「傳奇」光環背後的力量呢？到底是什麼締造了T公司的神話？

回想T公司誕生之初，他們度過了很多不為人知的艱苦日子。當時為了讓企業能夠生存下去，T公司策劃了一系列完美的計畫：做網頁、做系統整合、做程式設計……凡是客戶所需要的，什麼業務都做。公司的目的是為了生存下去，為了讓更多的用戶知道T公司而不斷嘗試本不屬於自己的領域。

可是，就是因為這樣，企業內部的技術員工開始對這種工作業務感到厭倦，抱怨聲漸漸在員工之間傳開，進而使得整個企業變得不踏實起來，每次預期完成的任務大部分都不能按時完成，因而客戶對於他們的能力也開始產生懷疑，甚至有一部分客戶拒絕或中斷與他們合作。此時的T公司已經臨近崩潰，下一步該如何走成了他們首先必須解決的問題。

T公司總裁經過仔細研究分析，終於找出原因：企業在忙碌的同時忽略了最關鍵環節——落實。落實不到位，任務就不能按時完成；落實不到位，客戶就會對企業失去信心；落實不到位，員工就不可能有一個良好的工作環境；落實不到位，直接影響著企業的存活……

T公司總裁為自己落實不到位而負責，決定在企業內部展開學習落實文化的活動。經過三個月的學習，員工的精神面貌煥然一新，信心十足，總裁逐漸給員工增加任務，所有員工沒有絲毫抱怨，大家的幹勁往一處發揮，思想往一處凝聚。在每一次計畫方案的落實中，他們都從中獲得很多寶貴經驗，他們的策略在落實中得到完善。終於，奇蹟發生了：T公司在不到一年的時間裡發展到五百萬用戶！七年後，T公司的註冊用戶突破四億，這是多麼驚人的數字！

顯而易見，徹底的落實使T公司站穩腳跟，是落實創造了企業的生存條件。

對很多普通的企業而言，業務向來只是一種經濟活動。然而在卓越的企業中，都擁有一種超越經濟因素的核心理念——落實產生生存力。哈佛大學一項研究結果表明：一個能生存五十年以上的企業，其核心生存「祕訣」，並不是人們通常所認為的產品，而是企業內部的落實能力。如果企業沒有落實能力，談何生存？談何發展？

可見，無論個人還是企業，沒有落實，就無法生存，無法發展，甚至要為不落實而付出代價。

【落實箴言】

再完美無瑕的思想、再滴水不漏的計畫，如果不落實，也產生不了生產力，唯有落實，才能創造企業的生存力。

第二章 智取勝過蠻幹，落實要有方法

認真多一點，別為不落實找藉口

第二章 智取勝過蠻幹，落實要有方法

智取能捕雄獅

在俄羅斯盛傳著這樣一句諺語：「智取能捕雄獅，蠻幹難捉蟋蟀。」這句話道出了一個非常普遍的真理，即：智取遠勝於蠻幹，落實要講究方法。在《射鵰英雄傳》裡面有這樣一個情節：女主角黃蓉被一個巨大的海蚌夾住了腳，費了很大的勁也掰不開，結果抓了一把細沙放到蚌殼裡面，蚌就自己打開了，因為蚌最怕的就是細沙。這也就是所謂的「一物降一物」。

由此可見，智取就是要抓住問題的關鍵，並找到有針對性解決問題的方法，這樣就可以達到事半功倍的效果。

在實際工作中，很多人都會遇到這樣的盲點，他們認為，在工作量與成功之間存在著一種直接的聯繫，其所投入的人力、物力、財力和精力越多，獲得的成就也就越大。事實上，埋頭做好上級下達的指示無可厚非，然而想要迅速攀到職業頂峰，還是存在很大距離的。現在有很多這樣的員工，在主管面前極力想要表現自己，於是經常加班工作。他們認為這樣就會得到主管的賞識，其實這種想法是錯誤的。實際上，工作效率與工作業績才是最重要的，為做表面文章而假忙或盲目的忙，結果只會使工作得不到落實。

聶仁畢業於一所普通高校，剛進入公司時，看起來非常平凡，沒有什麼過人之處。但是，熟悉他的人都知道，每當從事一份新的工作時，他很快就會得到主管的賞識並且重用。聶仁始終堅信，勇氣和耐心會比埋頭苦幹更有效。

第一次參加員工會議，聶仁就勇於發言，給主管留下初步印象。當其他新員工在埋頭苦幹，還分不清單位裡誰是誰的時候，聶仁已經大致了解老員工的情況。進入公司不滿一年，他就被提升為部門的主管。

的確，埋頭苦幹不如智取。現實中，沒有一成不變的任務，處理不同的情況，需要因地制宜，做出不同的決策。一個落實者不僅會努力工作，更會在落實前進行思考，使得工作落實更加順利。

但是，值得注意的是，智取是快速解決重大問題創造能力，是迅速反應、靈活機敏的體現，是不墨守成規，隨機應變的智慧。但它並不等同於投機取巧。在工作中，投機取巧固然能獲得一時之便利，但是卻無疑在心靈深處埋下了一顆定時炸彈，說不定什麼時候就會引爆炸彈，於人於己都是百害而無一利的。

張榮在一家公司工作了很長時間，他從替人端茶倒水、列印資料、清潔打掃做起，一直是兢兢業業，從未抱怨過什麼。他一直堅信，只要踏實肯做，終有一天他會從跑龍套成為「名角」的。果然，他的努力沒有白付出，老闆慧眼識才，一眼相中了他，認為他是一個可造之才。這下，張榮可以長吁一口氣了，他終於擺脫了灰頭土臉、費力不討的跑龍套工作，直接負責一些大客戶。

在公司這麼長時間，耳濡目染，張榮和別人學會了很多東西，並且學的有模有樣，尤其是在接人待物上，更顯得瀟灑自如，和很多客戶稱兄道弟，也為公司拿下了不少訂單。

看到張榮進步這麼快，老闆也為自己獨具慧眼而沾沾自喜，然後一紙命令下來，張榮直接坐上了客戶經理的寶座。薪資不僅翻倍，而且老闆專門為他配了一輛高級轎車，說是業務需要，讓他好好做，公司是不會虧待他的。和之前的現狀相比，現在的張榮可謂是坐了「直升機」，待遇一路上升，各路人馬也是左右簇擁，說盡了讚美之詞。

張榮在剛剛上任的時候，心中盡是老闆的提攜之恩，沒齒不忘，總想著怎麼報答老闆。所以他比沒當經理之前更加努力，每一件事都必須過問，甚至是親力親為，力求盡善盡美。

但是後來就有人在耳邊不斷提醒他：「你怎麼這麼傻啊？你已經是經理了，是做管理工作的，若是什麼事情都要自己做，那還不得累死你？再說了，老闆不會檢查你所做的每一件事情，你做得再好又有什麼用？老闆那麼忙，他能知道嗎？」

在張榮聽多了種種的溢美之詞，和說他「傻」的話之後的幾年內，張榮不再那麼努力工作了，遇到有事需要他處理的時候，他只是躺在那張舒服的椅子上，微閉雙眼，一副運籌帷幄、決勝千里的樣子，指揮手下替他處理各種事務。他特別享受這種手下執行命令的感覺，真有一種大將之風，若不是他閉著雙眼，他真的會以為他就是老闆。

慢慢，敏感的老闆也覺察到了張榮的變化。他在工作上不僅學會了投機取巧，而且察言觀色的功夫十分了得，會根據老闆的表情變化，報告一些公司的盈利或其他資料，以迎合老闆，證明自己的業績，然後自己回去私自改動種種資料，以防老闆親自查帳。

有幾次，老闆交代事情，他不是交代給下面的人做，就是不做。還有一次，張榮差點讓老闆發現他私自外出遊玩，幸虧他的心腹及時通知了他，他才逃過一劫。

古語云：薑還是老的辣。張榮的老闆是何等精明的人，他不是沒有發現張榮的種種跡象，而是為了等待時機，以現行犯逮捕他。果然，張榮在一次工作中出現了差錯，露了馬腳，老闆新舊帳一併算，數罪並罰，收回了所有福利並解雇了他。

由此，我們就能看出，智取，是在不違背職業和道德的基礎下才去運用的一種智慧，而不是像張榮一投機取巧，盡耍一些小聰明，到頭來卻落了咎由自取的結果。這就是智取和投機取巧最本質的區別。

另外，需要作為員工要看清一點，就是老闆並不傻。他們既然能提供一個平台，讓你來展示你的才能，就很好說明他們有能力看清你看不清的事情。你目前的工作能力或工作業績得不到老闆的認可，那只能說你還沒弄清楚老闆是什麼樣的人，以及他的行事標準。

至於公司裡有其他員工在工作投機取巧，獲得短暫的偷懶甚至是謀取私利，這其實和你沒有一點關係。所有公司都是以獲利為原則的組織，絕對容不下這種的米蟲。只有在你做好自己的工作之後，再想法設法為公司作出新的貢獻，這樣才能得到老闆的認可和賞識。

因此，工作中應常常自問：「我是在拼命工作還是在聰明工作？」如果是拼命工作，那就要注意尋找聰明工作的方法、培養智取工作的能力。

要想培養智取工作的能力，首先要從思維方式方面著手。以下幾種思維方式和能力的培養有助於我們找到工作的訣竅，提高工作效率，使工作得以更好落實。

■敬業精神

敬業精神就是要求我們要以職業的態度來對待自己的工作，這樣才能夠專注自己的工作，把工作當成是一種樂趣，而不是一種負擔。樂於工作，我們就會在不斷積極思考中找到落實工作的良方。

■收集資料

收集與工作有關的各種資訊資料，同時也包括競爭對手的資訊資料，這些都有助於我們在工作中迅速找到問題的關鍵。因為任何成熟的業務流程本身就是對很多經驗和教訓的累積，當你需要的時候，能夠信手拈來，使工作效率大大提高，從而保證工作的有效落實。

■站在對方立場看問題

當一個人在考慮這個問題如何解決時，一般是站在自己職責範圍的角度去思考，但真正懂得智取的人卻總會自覺站在公司或老闆的角度去思考解決問題的方法，因為只有這樣才能使問題徹底得到解決。

■逆向思考

很多優秀員工都擅長用逆向思考拓寬眼界，探索解決問題的途徑，迅速找出問題的癥結所在。他們敢於想別人所不敢想，因此常常能夠化繁為簡，取得出人意料的成績。

善於總結

智取者對問題的分析、歸納和總結能力比一般人要強，他們總是能夠找出問題的規律性並且善於運用，從而達到事半功倍的效果。

總之，每一個員工在工作上都應該培養以上這些良好的思維習慣，遇到問題時多想想為什麼，多思考怎樣才能夠找到問題的關鍵所在。當找到這個關鍵時，看起來比較難以落實的事情就會變得很容易了。

【落實箴言】

在任何情況下都要按科學規律辦事，自覺用理智戰勝衝動，用智取代替蠻幹，這才是成功的捷徑。

成功源自執著

困難、拒絕、看不到希望、付出沒有回報……這是在落實中經常會遇到的問題，我們可以找出一千個理由讓自己放棄，但是，成功的前提恰恰是堅持到底。只有執著才能落實，才能走向成功。

你想燒開一壺水，如果是斷斷續續燒，用一萬斤柴也燒不開。但如果持續燒，可能只用一斤柴就燒開了。這個道理很簡單，它告訴我們，只有堅持不懈努力，才能夠成就事業。作為員工，想要落實工作，必須執著於自己鎖定的目標和結果。只要比別人多堅持一刻，成功就會離你更近一步。

有一段時間法國銅價上漲，整個市場價格受其影響也在上調。因此，H集團必須與法國客戶就產品價格調整問題做好洽談。H集團堅持上調比率應該到百分之七，然而法國客戶定出的底線卻是百分之五。雙方堅持了兩天，各不相讓。H集團員工做出最後強調：「我們已經充分了解了市場的價格資訊，根據我們的品牌定位，將上調率定到百分之七，是合情合理的。」

法國客戶在看過H集團員工準備的相關資料後，感到非常吃驚，他們沒有想到，H集團員工竟然那麼仔細對各方面的價格進行了分析。即使這樣，法國客戶依舊沒有作出讓步，他們認為：H集團的競爭對手或許會在競爭價格上做出讓步，這樣他們就可以放棄與H集團的合作。

但是，事與願違，由於法國客戶要求的價格勢必會給合作企業帶來極大損失，加上不知道法國的物價上漲到什麼時候才會結束，H集團的競爭對手紛紛撤離了法國市場。

面對這樣的情形，H集團的一些工作人員提出，既然客戶堅持不肯讓步，加上市場形勢也不清晰，要麼就答應客戶的要求，要麼就先回國再說。就在大家準備收拾行李回國的時候，H集團的談判負責人卻說：「還是再等等，或許他們會同意我們的決定。」果不其然，法國客戶最終同意將價格上調到百分之七。就是一個「再等等」，H集團不但沒有遭受損失，而且還由於競爭對手的撤離，銷量大增。

H集團的成功就是因為比競爭對手要執著，最後工作落實成功。很多時候，成功就在身邊，只要再多努力一下，就能獲得。凡事就怕執著，執著能夠以弱示強，執著能夠以小搏大。沒有執著，科學界就不可能有那麼多發明；沒有執著，好多工作就不能得以落實。

廣告專業的武夢遠大學畢業後，一時間找不到工作，心中甚是著急，最後還是透過朋友的引薦，南下城市，認識了廣告公司的張總。張總對武夢遠說：「說實話，目前我們公司並不缺人，不過看在你剛畢業的份上，又年輕，所以我決定給你一次機會。如果你能在四個月內能幫我拉到五十萬元業務，我就正式聘用你。好好做吧，年輕人，想進我的公司可不是那麼容易喲！」

初生之犢不怕虎的武夢遠可不信張總這一套，不就是拉業務嗎？結果，令武夢遠沒有想到的是，接連幾次的吃閉門羹，才讓他明白了過來：原來做廣告業務員竟然比想像中要難的多。武夢遠一向對自己口才十分自信，曾在校內組織的辯論比賽中，將對手反駁的啞口無言，最終獲得了本次比賽的最佳辯論。也正是因此，他一舉成名，成為了校園內無人不知，無人不曉的公眾人物。

開始，武夢遠想的很簡單，就憑著自己這三寸不爛之舌，拉個廣告業務，那還不是手到擒來的事情？但是，當他每到一家公司的時候，還未張口展示他的非凡的口才，公司員工一聽他是業務員，就直接拒絕，然後把他趕了出去。

不過，像這樣的公司還是少數。有的公司一聽是他是業務員，禮讓有加，傾心交談，表明他們有做廣告的意向，這不由讓武夢遠眼前一亮，覺得有機會。但是人家話鋒一轉，說這些事情我們也做不了主，要想拉到這筆業務，你還得見有權決定的老總。一聽這話，武夢遠立馬泄了氣，你不能決定你在這擺乎什麼呀？這不是耽誤我時間嗎？不過他也只是心裡埋怨罷了，嘴上可沒這麼說。但是，話又說回來了，人家態度還算不錯，還沒趕你走就不錯了。無奈，武夢遠只好失落告辭。

就這樣，三個月一晃而過，到了第四個月時候，武夢遠總算是找到一家剛剛建起來的星級酒店。酒店員工說，酒店有做廣告的打算，但是這還要看老闆的意思才能決定，而老闆又成天忙的不可開交，想要見到老闆需要很大的耐心。

武夢遠心說，這是最後機會，就是死纏爛打，也要拿下這筆業務。他在老闆辦公室整整等了五個上午，老闆還是沒有接見他，他決定另闢蹊徑，每天給老闆發一封郵件，詳細為老闆介紹了酒店的總體CI設計，並附上了立體效果圖。可是接下來的等待，那封郵件猶如石沉大海，毫無音訊。老闆既沒有給他回覆，也沒給他的打電話。這更激起了武夢遠的鬥志，他一定要等到有結果，才肯善罷甘休。

有一天，武夢遠苦心打聽到了老闆車牌號碼，他又用了三天時間，守在停車場「守株待兔」。皇天不負有心人，武夢遠終於等到了那個和洪金寶一樣靈敏的老闆說：「小夥子，你的策劃方案我已經看過了，不錯，很有新意。而且，我也相信，你肯定能「逮」到我，你很有性格，我的祕書說，你守在酒店快兩個星期了。」

經過幾次談判，廣告公司順利拿到了這家酒店的廣告代理權，但武夢遠卻沒到公司上班，他被酒店的老闆高薪聘為酒店形象策劃，酒店的老闆說：「二十一世紀最缺什麼——人才！一個人再聰明，如果，沒有一個執著和吃苦的精神，那麼他是做不出什麼大事業的！」

古今往來，凡是成就大事業者，無不是執著之人。因為執著不僅是一種毅力，一種品德，也是一種信念。無論是在生活還是在工作中，我們若是擁有了執著，不僅意味著承擔不斷前進的責任，也意味著一種永不放棄的號角。

當執著貫穿我們生命的時候，我們不會退縮，不會害怕，更不會放棄。雖然執著的過程很漫長，也很艱苦，但也正是如此，執著才能讓我們的生命更加燦爛、輝煌，我們的生命之花才能綻放。

【落實箴言】

執著是一場漫長的分期、分批的投資，而落實是對這場投資的一次性回報。

取捨要講尺度

《拉封丹寓言》中講到：有一頭布利丹毛驢，牠面對兩捆乾草不知該吃哪一捆，不但不知所措，最後還竟然活活餓死了。與這頭毛驢相似的還有熱帶雨林的猴子。在印尼的熱帶叢林裡，人們捕捉猴子的方法十分獨特：在一個固定了的小木盒裡面，裝上猴子特別喜歡吃的水果，盒子上開一個小口，剛好夠猴子的手伸進去，一旦猴子抓緊水果，手就再也抽不出來了。

人們之所以用這種方法捕捉猴子，是因為了解猴子有一種習性：不肯放下已經到手的東西。

取捨要講尺度

有些人會嘲笑猴子的愚蠢：為什麼不鬆開水果逃命？

在實際工作中，每位員工、每個企業也會遇到與布利丹毛驢及熱帶叢林猴子一樣的境況：經常面臨著選哪個、放不放手的問題。這就要求我們在落實面前懂得取捨，才可走向成功。

楊姐自十多年前出道至今，就一直在不經意間打造著現代版成功女性的神話。她如今任某文化網路電視有限公司創辦人，又因出任形象大使而贏得滿堂彩。後來，公司以部分換股、部分現金的方式獲得S公司百分之十六的股權。楊姐順理成章坐上S公司第一大股東的第一把交椅。這位外表柔弱的女性再一次展示了她「全能女人」的風采。一個成功者所擁有的一切楊姐都擁有了，就連她自己也說：「我覺得不可能再做任何比現在更好的選擇。」

在楊姐現代版的成功神話中，「智慧」是最經典的兩個字。楊姐說：「一個人要想成功，最重要的就是先要明白自己到底要做什麼。」這一點不僅體現楊姐超人的智慧，更體現出她對人生取捨的把握。

在實際工作中，大部分人都會追著自己的光環前進，但是，楊姐在落實中懂得取捨，知道什麼時候該放棄。她在電視台做主持人最紅的時候，毅然放棄了主持人的位置，選擇出國留學；又在事業剛起步時，放棄自己的工作，生兒育女。她說：「假如你需要家庭的話，那它就成為你生命的一部分。要家庭還是要事業，就好像問你要左腿還是要右腿，我覺得這是沒有意義的。當兩者之間產生矛盾時，要看事情的輕重緩急來取捨。我一九九七年剛剛生了孩子的時候，就一直沒有工作。我知道一些電視的主持人為了怕在螢幕上消失，就盡量晚幾年生孩子，我對她們的建議就是該什麼時候生就什麼時候生吧，這比你天天在電視螢幕上露臉重要得多。」

楊姐擁有別人所沒有的可貴智慧，她清楚什麼是對自己最重要的事，而且不會被光環所牽絆。自古以來，成功的人士都是在某一方面很成功，從來沒有一個人各個方面都成功，不光是楊姐，雖然這個道理多數人都懂，說起來也是頭頭是道，但真正做起來卻又是另一回事，正所謂「當局者迷，旁觀者清。」

比如在許多公司的老闆由於公司剛剛起步，還處於蹣跚學步之際，為了降低成本，很多事情都是親力親為，時間一長，逐漸成為樣樣都做，無論什麼事情都瞭若指掌，即使公司慢慢發展壯大，不再需要自己投入那麼多精力，但一旦養成事事親躬的習慣，總覺得把事情交給別人不放心。在創業初期，這麼做當然是百利無一害，但是作為一名公司的決策者事事過問，那樣公司將會原地踏步，永遠也做不大、做不強。

還有一些公司老闆是科班出身，極其精通某個領域的專業知識，總覺得自己天下無敵，誰做都不如自己做得好，即使事實如此，但結果可能會是，自己成了技術專家、銷售高手或者其他領域的佼佼者，但這並不意味著他是一個優秀的管理者。有一些技術過硬的領導者，或許是因為太過熱愛這份技術工作，對此投入了大量的精力和，從而忽視了自己是管理者的真實身分。

所以作為一名合格的管理者，就應該懂得在專業方面和管理工作做一個取捨。因為，決心在技術方面有所成就，那麼也就不用考慮太多，但是一旦選擇了管理工作，就意味著，你大大小小的決策影響不僅僅是個人，更影響著全體員工和整個公司的前途命運。所以，取捨一定要果敢、決絕。

大家都知道，比爾．蓋茲不僅是微軟公司的創立者，他也是電腦領域卓越的天才，但是當他決定做經營時候，就全身心投入公司的營運和管理工作，不再過問技術方面的工作，當他決定再次做技術開發的時候，徹底易手權力，交給他人接手公司，結果證明他的取捨是對的，也是合乎時宜的，這讓他無論做什麼工作，都能一心一意，盡力而為，結果必然出色。與此相對的蘋果電腦公司總裁賈伯斯在取捨之間的智慧就不如比爾．蓋茲。賈伯斯曾是蘋果公司的首席的時候既做管理工作，也做行銷，同時還要參與技術開發方面的工作，儘管他是一個像比爾出色的電腦的天才，但是就因為他把分散了太多精力，在短期內沒做出什麼成績，再加上當時受到別人排擠，落人口實，結果被迫在短期內離開了自己一手創立的公司。

孔子說：「在其位，謀其政；不在其位，不謀其政」，意思就是不該做得事情絕對不去做，這樣就有大量時間去做該做的事情，該做的事情自然也就能做好。在某種程度上，孔子也告誡人們，學會取捨，專注一件事情，才能有所成就。但是管理者卻認為工作做得越多，效率越高，但事實上，對於一個司機來說，除了注意路況安全，掌控好方向盤就好，若做其他不相關的事情，即使做得再好也是失職。

取捨之間有哲理。我們需要做得，就是盡快明確目標。當你懂得了取捨的含義，那麼你的目標也就是明確了，離成功也就不遠了。

【落實箴言】

上帝在關閉一扇門的同時，一定會為你打開一扇窗。成功落實關鍵一點就是要懂得取捨，有捨才有得。

集體力量大於個人能量

在工作中，一個人，無論他的經驗有多豐富，能力有多高，單靠自己的力量是不可能在某項事業上取得成功的。自古以來，就沒有任何人是十全十美的，總會存在一些缺點。只有融入一個優秀的團隊中去，才能夠實現優勢互補，達到完美的境界。所以，要想高效落實工作，一定要融入團隊，明智且能落實到位的捷徑就是充分利用團隊的力量。

有一家世界五百強的大企業要招聘三名高層人員，在初試的上百人中有九名優秀應徵者脫穎而出，進入了由公司董事長親自把關的複試董事長對這九個人的詳細資料和初試成績了解後，感到非常滿意，於是給大家出了最後一道題。他把這九個人隨機分成甲、乙、丙三組，並分別派給任務，指定甲組人去調查女性用品市場，乙組人去調查嬰兒用品市場，丙組人去調查老年人用品市場。

董事長分別對他們解釋道：「我們錄取的人是用來開拓市場的，讓大家調查這些行業，是想看大家對一個新行業的適應能力。為了讓大家有目的地展開調查，我已經讓祕書準備了一份相關行業的資料，你們自己到祕書那裡去領取。」

第二天，九個人分別把自己的市場分析報告交給董事長。董事長看到最後時，露出滿意的笑容，同時走向乙組的三個人，分別與他們一一握手，祝賀道：「恭喜你們，你們已經被本公司錄用了。」

其餘兩組人露出疑惑的神情，董事長接著說：「請大家打開我叫祕書交給你們的資料，互相看看。」原來，每個人得到的資料都不一樣。甲組的三個人得到的資料分別是本市女性用品市場過去、現在、將來的分析，其他兩組情況也是同樣。董事長繼續說：「乙組的三個人非常聰明，互相借用了對方的資料，補全了自己的分析報告，提高工作效率是肯定的，同時也體現了團隊精神。而甲、丙兩組的人卻分別行事，絲毫沒有合作意識。我之所以出這樣的題目，目的就是要考察你們團隊意識，因為團隊合作精神是落實工作的保證！」

一個人是否具有團隊合作精神，將直接關係到他的工作業績。在專業化分工越來越細、競爭越來越激烈的今天，單憑個人力量根本無法面對千頭萬緒的工作。相較一個團隊而言，每一個角色都是至關重要的。不論能力強與弱，也不論是主管還是員工，其在團隊中的地位是沒有高低之分的，在團隊之中個人力量只是一部分力量而已，唯有團隊力量才是整體的力量。因為團隊的成功是集體的成功，並不是某個人的成功。

一棵草太顯單薄，只有草叢才宣告春天的到來；一粒種子形單影隻，只有無數種子才能孕發出無限生機；一點水滴太過渺小，只有海洋才能吟唱出歡樂的歌曲。同理，一個人雖然可以憑藉自己的力量取得一定成就，但是，畢竟還是有限，一個人若是能把自己的能力與別人的能力結合起來，才能彙聚更大的力量，最終獲得成功。

一天，山洪暴發，衝破了堤岸，一個小鎮被洪水淹沒。第二天清晨，水勢稍退，受災居民站在高處，望著被水淹沒的家園。遠處洪水滔滔，潮聲隱隱，近處斷壁殘垣，滿目瘡痍，居民更覺得在大自然面前，人類的力量是多麼渺小，都禁不住黯然傷神。

突然，有人驚呼水中飄著一個黑點，人們順著所指方向一看，黑乎乎的像是一個人的樣子，於是會游泳的人立刻跳入水中，游向黑點。

然而游到黑點跟前的時候，他忽然轉身，向翹首觀望的人們雙手一攤，然後就游了回來。

「怎麼回事？」眾人問道。「那不是人，是一個蟻球。」那人說。「蟻球？」眾人依然不解其意。詢問之間，只見那黑乎乎的蟻球左搖右擺飄了過來了，人們定睛一看，數以萬計的小螞蟻勾肩搭背，緊緊纏繞在一起，組成了一個巨大的蟻球。終於，牠們靠岸了。然後蟻球十分有秩序散開，然後慢條斯理向岸邊走去，尋找更好地方，重建新建園。離岸很近的水中，遺留了被激流沖散的小蟻球，牠們依然緊緊抱在一起，透過一次次的努力試圖登岸，雖然一次次被水沖到岸邊更遠的地方，但是牠們最終還是成功了。牠們透過團結和合作，換來了整個族群的延續。

這個生動的故事告訴我們，即使自然界最渺小的生物，若是能團結起來，也會產生出驚人的力量，戰勝困難，重獲新生。

從螞蟻團結、合作求生存到實際工作中，我們不難看出，很多落實的成功都是某種合作形式下的產物。在追求個人落實成功的過程中，任何一個員工都離不開團隊的合作，離不開別人的幫助，而身為管理者同樣如此。管理者的任務就是調和與協調群體，管理者應該將自己看做是合作者，看做是共同群體的一個部分。所以，管理者應當更多依靠他的知識和專長而不是依靠他的職務即所謂的權力去領導下屬。

一個好的創業團隊，員工和主管之間的能力通常都能形成良好的互補，而這種能力互補也會有助於強化團隊成員間彼此的合作。只有這樣，才能夠最終實現個人與團隊的共同成功。

總之，合作會增強力量，分裂會削弱力量。如果你想要獲得工作落實的效果，那麼從現在開始就去積極融入團隊，與同事通力合作，共同努力完成任務吧！

【落實箴言】

與團隊並肩作戰，是員工具有良好團隊精神的重要特徵，也是落實工作的有力保障。

手腦多配合，才能有成功

落實並不是讓自己成為一個機器人，不斷重複著自己的工作，恰恰相反，落實是要將創新智慧與執行精神結合在一起。落實的過程往往是複雜多變的，甚至經常會出現意料之外的情況。這時候就要講方法，懂得隨機應變，手腦並用去落實。

剛剛畢業的小張在一家報社實習。這是的他第一份工作，所以無論做什麼都是小心翼翼，生怕會有什麼差錯。但是工作一段時間後，他幾乎懷疑自己的額頭上刻著「新人」兩人字，因為不管是和老記者外出採訪，還是開週會的時候，每個人見到他都會對他笑笑，然後毫無例外來一句：「剛畢業的吧？」

小張十分鬱悶檢查了自己的儀表：西裝袖口的商標已經剪掉，白色襯衫潔淨如新，低調的暗黑色條紋的領帶，黑色的皮鞋擦得發亮。一切都沒問題啊。知道後來他才漸漸意識到，問題可能出在自己沒有「專業特質」。

和老記者一起外出採訪的時候，老記者總是氣勢強大，言簡意賅，幾句話下來，就和採訪對象談笑風生，一副老朋友的模樣；可他呢，人家都快聊了一個小時了，他卻插不上一句話，只好拿著個小本子不停筆記。終於等到採訪結束，小張有時候還要整理老記者的採訪錄音。其實，說白了就是一邊聽錄音，一邊把文字打進電腦裡面。這不僅是一個毫無技術的工作，而且還十分勞累，當然也沒有稿費，更別奢望在文章裡面署名自己名字，唯一的回報就是老記者對他的一句感謝。即使如此，每次報社有誰要整理採訪錄音，小張總是一馬當先，而且樂此不疲。

或許有人會說這就是傻瓜，但事實上並不是這樣，小張有他的打算。每次在整理採訪錄音，他都會十分留意這些老記者是如何採訪的：第一次見面如何寒暄，怎麼能在最短時間裡和採訪對象拉近距離，用什麼方式提問，怎麼委婉追問，怎樣將問題深入；然後，對老記者見報稿件，仔細揣摩是怎麼立意，怎樣取捨素材，是如何撰文布局的。小張就這樣默默學了不少東西。

後來，小張不僅和整個報的同事關係處得十分融洽，而且還被報社聘用為正式員工。

多年以後，已經是副總編的小張，和朋友聊起了他的經驗之談。「當年我也是學校報紙的總編，是叱吒學校的人物，老師也十分看重我，但是一旦踏上社會工作，即便在學校是比較專業的，但老師教的東西，到了職場上，還是遠遠不夠用。尤其是在報社這種單位，想要裡站穩腳跟，留下來，經驗的累積就顯得尤為重要。所以，在工作中，不是你有才華就夠了，你還要學會手腦並用，不斷學習，這樣才可能有成功。」小張如是說。

對於一些在落實的過程中，我們也許會遇到和小張的類似的境遇，這時候，不要輕易說放棄，而是要咬定落實的目標，用腦行動，懂得創新，只要想辦法，就一定會有辦法！

在日益激烈的現代市場競爭中，身為一個優秀的員工更是如此，要做到勤於思考，善於動腦分析和解決問題。企業需要的員工，是有創意、有應變能力的員工，是能幫助企業解決問題的員工。

因此，不管工作有多忙、多困難，都應該在必要的時候停下來好好思考一下，而不要覺得事情只能到此為止，再怎麼努力也沒辦法了。只有在工作落實中主動想辦法解決困難、堅持不懈的人，才能成為公司最受歡迎的員工。

一九五二年，受經濟風波的影響，日本東芝電器公司庫存了大量的電風扇。公司所有有關人員絞盡腦汁，想出很多促銷方法，但是銷量依舊不見起色。公司一個小員工看到這種情況，也想努力為公司解決難題，以致廢寢忘食。

這天，小員工走在街道上，無意看到很多小孩拿著許多五顏六色的小風車在玩，腦袋忽然出現一個想法：為什麼不把風扇的顏色改變一下呢？

這樣一定能夠吸引年輕人和小孩子，也可以讓成年人覺得彩色的電扇能為家裡增添氣氛及光彩啊！他想到這裡，立即跑回公司向經理提出這個建議，公司聽了他的建議後也非常重視，特地召開大會仔細研究並採納了這位小員工的建議。

一九五三年夏天，東芝公司隆重推出一系列彩色電風扇，深受人們喜愛。當時市場上電風扇一律是黑色的造型，當這種彩色電扇推出時，立刻掀起了一股搶購熱潮，幾十萬台風扇在短時間內迅速銷售一空，同時，公司也很快擺脫困境。而提出建議的小員工也因此獲得公司百分之二的股份。

在工作中，如果僅僅按照老闆的吩咐去完成任務，那是遠遠不夠的，任何時候都要做一個用腦努力去想辦法、主動尋找方法、把事情做到最好的員工，這就需要智慧，更需要付出汗水。可見，手和腦才是成功的雙翼。

【落實箴言】

對問題來講，永遠沒有標準答案，永遠有更好的方法等著我們去發現。

落實，就是百分之百付出全力

第二章　智取勝過蠻幹，落實要有方法

落實，就是百分之百付出全力

一個人無論從事什麼職業，如果能在工作中懷著一種敬業的精神，投入百分之百的精力，全力以赴，追求卓越，就一定會取得事業上的成功。

一九五〇年年七月的一天，在紐約市的一個熱鬧街區，出現了一個年輕人的身影。年輕人臉色憔悴，衣服破舊不堪，他穿著一雙布鞋，那黑色，像是塵封好了好久，都變成了灰色。顯然，他走了很長時間的路。再從他左顧右盼的姿態中看出，他是在找工作。

他出身貧民窟，家裡窮，又有好幾個兄弟姐妹，日子過的捉襟見肘。所幸，他年輕，長得虎背熊腰，有的是力氣。往日他都是在卡車司機聯合會大樓前等待一些臨時工的工作，但是這樣的機會並不是很多。所以他決定自己找工作，賺點錢，補貼家用。

又走了好幾個街區，仍然沒有人願意雇用他。他雖然有些喪氣，但仍然抱著最後一絲希望四處張望。

前面有一大群人，踮著腳，伸長了脖子，使勁看牆上貼著的一張徵人啟事。他過去一看，原來是百事可樂公司招聘一名工人，專門清洗機器上黏的黏稠的糖漿。但是人們都在觀望，沒有人願意去應聘，他們就想知道，到底哪個傻瓜願意去做這種既費力，報酬又低的工作。

但是他沒有絲毫猶豫，報了名，就開始工作，用他那旺盛的力氣，或跪下，或蹲下，或彎著腰，細心把機器擦拭的潔淨如新。

有一次，有個工人開著裝卸車不小心撞碎了二十多箱飲料，弄得滿地都是黏糊糊的飲料。他雖然很生氣，但還是忍住了，用了整整一個晚上擦乾淨了地板。

他工作像是在打仗，在玩命，有一股狠勁。

老闆看到了他的完美的工作，除了多付了他一些酬勞，還邀請他下次再來工作。

他婉言謝絕。命中註定，他一生就是在打仗。

果然，他參了軍，上了兩次越戰，再後來，他又到了軍事學校。

無論是學習，還是工作，他都當成是打仗。除了拼命，他或許什麼都不會。

天道酬勤，自古使然。就是憑著這股拼命的勁，他肩膀上膀上有了兩顆將星，這也是晉升到如此高層的為數不多的黑人軍官之一。後來他又出任了美國安全顧問，兩任總統的參謀長。冷戰結束後，他又接手美國的軍隊，一九九一年，他運籌帷幄，在波斯灣戰爭中大獲全勝。一九九三年，他從軍界退休，成了為世界所熟知的領導人之一。

他就是美國前國務卿柯林·鮑威爾，他能一個洗機器的工人做起，一步步走到了今天，絕對不是偶然，而是百分之百付出全力的結果。

從柯林·鮑威爾身上，我們似乎能得到一點啟示，與其說他的成功是努力得來的，還不如說他把目前的工作落實到位，盡力做到了完美更為貼切。當然，在我們的工作過程中，任何人都要面對這樣的事實：無數的工作障礙和壁壘像一座座不可跨越的山峰，阻礙著工作的落實。在這種情況下，只有全力以赴才能突破阻礙，從而高效率落實工作。

休斯·查姆斯在擔任美國國家收銀機公司銷售經理一職期間，遇到非常糟糕的情況：外界傳言該公司發生財政危機，在外的銷售人員聽到此消息失去了工作熱情，銷售量隨之開始下跌。情況越演愈烈，以致銷售部門不得不召集全體銷售人員召開會議。

會議召開時，休斯．查姆斯先請幾位最佳銷售人員說明銷售量下跌的原因，這些人都各自有著困難：大環境不景氣、獎金減少；人們都希望等到總統大選揭曉以後再買東西……當輪到第六個銷售人員開始列舉使他無法完成正常銷售配額的種種困難時，查姆斯突然做出一個讓大家都感到吃驚的舉動，他跳到桌子上喊道：「stop！我命令大會暫停十分鐘，讓我把我的皮鞋擦亮！」接著，他讓坐在附近的一名黑人小工友把他的皮鞋擦亮。

在場的所有銷售人員都被他這一舉動驚呆了，就在大家竊竊私語時，那位黑人小工友已經擦亮查姆斯的第一隻鞋子，然後又擦另一隻鞋子，他不慌不忙擦著，表現出良好的擦鞋技巧。

一會兒工夫，皮鞋被擦得亮亮的，查姆斯給了小工友一筆錢，然後開始發表他的演說：「我希望你們每個人好好看看這個小工友。他可以在我們整個工廠及辦公室內給人擦鞋。他的前任是位白人小男孩，年紀要比他大很多，儘管公司會給他五美元的薪水補貼，並且工廠有數千名員工，但是他從這個公司賺的生活費仍然無法維持他的生活。而這位黑人小男孩卻能夠賺到相當不錯的收入，不僅不需要公司每週補貼薪水，還可以存下一點錢。你們說這是誰的錯？」

那些銷售人員異口同聲說：「那個白人小男孩的錯！」「就是這樣。」查姆斯說，「你們現在推銷收銀機和一年前的情況完全相同，但是，你們的銷售成績遠遠比不上一年前，這是誰的錯？」

同樣又傳來如雷般的回答：「當然是我們的錯！」「我非常高興你們能坦率承認自己的過錯。」

查姆斯繼續說，「我來告訴你們，你們的錯誤在於聽到有關公司財務陷入危機的謠言，從而影響了你們的工作熱情，所以，你們不如以前那麼努力。現在，你們回到自己的銷售區後，保證在之後的一個月內，每人賣出五台收銀機，那麼，公司就不會存在什麼財務危機了，你們認為呢？」

大家都非常願意聽從查姆斯的安排，在接下來的工作中，那些商業不景氣、獎金缺乏等藉口統統消失。每個員工的心中都保存著一個盡力擦皮鞋的黑人小男孩的身影，這個身影一直激勵著他們，每當遇到困難，他們會先反思自己是否全力以赴，是否投入了百分之百的精力。結果可想而知，每個員工都成為商場上的強兵猛將，工作落實都非常到位。

對於員工來說，全力以赴意味著什麼？那就是自動自發、竭盡一切去努力。工作中只有全力以赴，才能體現你強大的落實力，才能取得傲人的成績。

【落實箴言】

無論你處於何種位置，從事何種工作，都必須要有一絲不苟的敬業精神和嚴謹的工作作風，全力以赴去做好它，這樣你才稱得上是一個合格的落實者。

真正去做是唯一的問題解決之道

當腦海裡出現一個激動人心的想法時，如果不去落實，一切都是枉談。工作靠抓，落實靠做。認真實做，「真」和「實」是關鍵的兩個字，是相對於虛和假而言的。認真實做，就是真心真意做、實實在在做，不弄虛作假，不空談，專務實效。

當然，實做並不是忙亂，沒有實效的「亂」，雖然看上去十分賣力甚至很辛苦，但與實做完全不符。千嘗百試發明燈泡的愛迪生，獨樹一幟堅持相對論的愛因斯坦，潛心鑽研出進化論的達爾文，從一個貧窮少年到香港首富的李嘉誠……這些人的成功都是靠認真實做才取得的。

一個人即使天資聰慧，如果他不付出艱苦的努力，不認真實做，也是不可能做出一番偉大事業的，就連平凡的成績或許也沒有。尤其是當今知識經濟時代，更需要實做精神。實做可以立業，實做可以興邦。最為重要的是，實做更是安身立命的籌碼和資本。

紹輝在一家合資企業工作了五年多了，但是由於企業內部長期充斥著矛盾，幾乎在一夜之間，公司分崩離析，主管分道揚鑣，公司內部無人管理，債主在主管辦公室坐了黑壓壓的一片……

樹倒猢猻散。公司多年來也養了一大批整日無所事事的員工，現在他們同樣面臨著失業，一個個哭喪著臉不知道何去何從。而與大多數人不同的是，紹輝是一個比較勤奮的人，在五年的工作時間裡，除了做好主管安排的任務，還努力學習了該行業的各方面的專業知識。所以紹輝並不為的自己的前途擔憂。

從一離開公司那天起，他就聯合了幾個朋友創業，結果大獲成功。小試牛刀之後，紹輝決定自己出來做，成立屬於自己的公司，現在正在申領執照。

物競天擇，適者生存。在這個大浪淘沙的年代中，作為一名員工，唯有主動卻接受任務，真槍實彈去做一場，掌握一門別人不可替代的特長，才能保證自己不會被競爭環境排斥在外，同時，也避免了黯然離開的下場。

對於企業來說，同樣如此。企業最重視的就是人才，沒有人才，企業將寸步難行。對於領導者來說，如果發現哪位人才對企業發展有利，必須想盡辦法加以重用，這就要求領導者去落實，靠實際行動來留住人才。

福特公司發明使用生產線生產汽車後，由於不適應這種新的勞動方式，工人們紛紛辭職，去為福特的對手們效力，並且聯合起來反對福特。

福特立即採取應對措施，用實際行動去落實，把工人的最低每日薪資提高到二點三四美元，並向那些在公司連續工作三年及以上的工人發放獎金。然而，到頭來卻奏效甚微，不良局面根本沒有得到扭轉。他又果斷做出決策，把工人的最低每日薪資提高到五美元。這在美國歷史上寫下了光輝的一頁。

福特做出這一驚人之舉後，各大報紙紛紛刊登福特的「薪資革命」，獲得了積極的效果。公司的大門被成千上萬名求職者圍得水洩不通。一星期後，各地聞訊而來的求職者在福特汽車公司的大門口甚至與維持秩序的員警發生了大規模的衝突，可見，這次「薪資革命」深得人心。

後來，福特總結道：「從企業經營的技巧來看，投資者急於追求利潤是不明智的。這不僅會損傷員工的積極性，還會影響企業的形象和聲譽，這對企業的長期發展是非常不利的。公司要想獲取最大利潤，必須充分調動全體員工的工作積極性，增加凝聚力和向心力，而將利益毫不吝惜分享給員工則是達到這一目標的最佳選擇。」他是這麼想的，也是這麼做的。福特認為，員工只有帶著快樂的心情去工作，公司才會取得良好的業績。

福特透過認真實做去落實，從而調動員工的積極性，提高了公司的生產力，使福特成為世界汽車業的霸主。這要歸功於福特那種以行動說話的辦事風格，如果他只是許下許多空頭支票而不去落實的話，結果是可想而知的。

總而言之，再好的點子、再好的決策，如果不認真實做去落實，都將如同海市蜃樓一般，中看不中用。

【落實箴言】

認真實做，就是真心真意的做、實實在在的做，不弄虛作假，不要空談，務實成效。

堅持學習才能保證工作落實到位

在激烈的競爭中，要想確保工作落實到位，基本上依賴於知識的累積。企業要想獲得良好的發展，必須不斷為自己充電。一個成功的企業是能夠有效學習的企業。

知識就是未來的資本，學習意味著準備接受不斷的變革。如果企業是一個有生命的個體，那麼，該個體所做出的行為決定則來自一個學習的過程。L集團，就是因為善於學習才使自己變得更加出色。

創業初期，L集團從與惠普的合作中學到了市場運作、管道建設與管理方法，學到了企業管理經驗，這些對於L集團成功跨越成長中的管理障礙大有裨益；現在，L集團積極開展國際、國內技術合作，與電腦行業眾多知名公司，如微軟、惠普、英特爾、東芝等，都保持著良好的合作關係，並從中獲益匪淺。

同時，在每一次合作中，L集團都能做到以我為主，積極消化、吸收國際最先進的技術，學習國際性大公司在技術、產品開發、生產管理、組織管理以及市場運作等多方面的管理經驗和科學方法，並能創造性加以運用，帶動自身管理水準的不斷提高。除了向合作夥伴學習外，L集團還積極向競爭對手和顧客學習。只要對方身上存在值得學習的地方，L集團都會虛心學習。

如今，L集團其一舉一動都已成為別人關注的焦點，同時，有些公司對於L集團來說似乎沒有什麼值得學習的地方，但L集團的員工並不因此而目空一切，傲氣凌人。他們清醒認識到，雖然L集團在中國取得了市場占有率第一的成績，但總體市占率還不高，競爭對手還很強大。因此，L集團本著海納百川的寬廣胸懷和謙虛好學的態度，積極向同行優秀企業學習，「邊打邊學」，累積了大量經驗。

從L集團的成功，我們可以看到：企業只有積極主動去學習，才能使整體績效獲得大幅度提升，企業中的成員才能快速成長。因此，企業必須注重學習，積極帶動全體員工不斷進行學習。

而作為員工的你，若是整天待在公司裡，無所事事，沒有堅持學習，也沒有在工作中學習，那麼小心你的地位會在老闆心中縮水，即使你曾經是公司的元老級的員工，就算你的學歷高，老闆也會為了公司的利益將你掃地出門。如果你想繼續贏得老闆的信任和青睞，唯一的辦法就是繼續學習。

皮特對自己的目前的工作有幾百個不滿意，他經常對朋友傾訴：「我的老闆從來不看我一眼，太過分了，要是真惹我生氣了，我一定拍他桌子，給他點顏色瞧瞧，然後辭職不幹。」

朋友問他：「你把老闆公司業務搞明白了嗎？業務流程你都能做下來嗎？」

皮特搖了搖頭，不解望著朋友。

朋友聽了，給了皮特一個建議：「君子報仇十年不晚，我要是你的話，我一定把公司業務搞明白，最起碼要擔任中階主管再辭職。那樣，老闆的損失會更大。」

皮特聽了，不由讚歎道：「是啊！你這個主意確實不錯。在公司學習不僅是免費的，而且多少還有一些薪資，又能出這口惡氣，何樂而不為呢？」

從此以後，皮特變得愛學習起來了，業務上有什麼不懂，遇到誰就上去虛心請教，甚至下班之後，還留在辦公室，偷偷揣摩老業務員的工作報告。

一年之後，那位提建議的朋友遇到皮特，問道：「你現在什麼都學會了，這下可以拍桌子走人了吧？」

但是，皮特卻笑著說：「可是這幾個月以來，老闆看到了我的表現，開始對我另眼看待，除了頻頻給我加薪之外，還給了我一個不錯的職務，我已經是公司的紅人了！」

「這是我早就料到的。」朋友拍了拍皮特的肩膀說，「當初你的老闆不看重你，是因為你能力不夠，還不懂得去學習；後來你為了「報復」老闆，開始用心學習，工作能力不斷提高，老闆自然會重用你。」

在公司裡，與其老闆看重你，不斷給你坐冷板凳，還不如好好反省自己，不斷提高自己的工作能力！

不主動去學習，能力自然會停滯，甚至還會喪失原來的能力。能力不僅僅是針對書本上的知識，而是工作經驗、人生的閱歷的疊加產物，以及學習他人長處，彌補自己的短處的虛心，只有這樣，才能不斷充實和完善自己，才能贏在起跑點上。

【落實箴言】

隨時為自己「充電」，用知識豐富想像，善於靈活運用所掌握的知識去參與競爭，提高自己的工作效率，只有這樣才能使工作更快、更好落實到位。

堅持學習才能保證工作落實到位

第三章　落實要到位，責任先到位

怎樣建立責任感

世界上沒有落實不好的工作，只有對工作不負責任的員工。世界上也沒有落實不了的工作，只有不肯付出努力的員工。要想解決問題，首先要培養我們的責任心。

責任心是什麼?責任心是一種勇氣，敢於承擔責任的人一定是勇敢的、值得信賴的人，只有懦夫才會臨陣脫逃、畏縮不前、逃避責任;責任心是一種胸懷，勇於承擔責任的人有著博大的胸襟、包容的品質，斤斤計較、患得患失的人往往習慣推卸責任。

敢於承擔責任、有能力承擔責任的人遇到問題很快就會解決，而推卸責任的人，工作永遠無法得到落實，問題自然解決不了，往往還會招致令人後悔莫及的損失。老闆通常都很欣賞有責任心的員工，並放心把工作交給他做，因為責任心會讓他更好地去解決問題，高效落實工作。

曾秀芳大專畢業後，獨自一人找工作。通過三番兩次的面試，曾秀芳過五關斬六將，順利和另外兩個女孩一起被一家公司初步錄用，試用期為三個月。若是能通過試用期，除了成為該公司的正式員工之外，薪資增加，這對她們三個人來說是巨大的誘惑。

在這三個月的時間裡，曾秀芳和另外兩個女孩加班，盡心盡力完成工作。到了第三個月月底的時候，公司根據根據她們三個人的業務能力一項一項打分。結果，雖然曾秀芳表現很優秀，但是比起那兩個女孩仍有幾分之差。不一會，曾秀芳便接到了公司的通知:明天是你最後一天上班，後天就可以領薪資走人。曾秀芳雖然倍感失落，但是她也明白自己的能力還是不如那兩個女孩，她並沒有抱怨，而是暗暗下定決心，出去之後還要繼續學習。

最後一天曾秀芳依然像往常一樣早早到了公司，兩位留用女孩和其他同事都過來勸說曾秀芳：「反正公司發給你只是試用薪資，今天你就不用上班了吧？」曾秀芳微微一笑說：「不急，昨天還有點事情沒做完，等我做完了，再走也不遲。」

到了下午四點鐘的時候，曾秀芳將最後的工作也做完了。又有人過來勸她提前下班回家，可是她只是微笑著搖了搖頭，然後不慌不慌，認認真真將自己的桌椅擦拭得乾乾淨淨，一塵不染，並且和「同事」一起下班，曾秀芳覺得自己今天過得很充實，雖然是最後一天上班，但她還是像往常一樣盡心盡力工作，覺得問心無愧。其他的員工見她如此堅持和認真，既佩服又感動。

第二天，曾秀芳到公司財務處領取了最後一個月薪資，正當她往大門走的時候，半路碰到了部門的張經理。張經理面帶微笑對她說：「你不用走了，明天直接到品質檢驗部去報到。」曾秀芳一聽驚呆了，她不相信發生這樣的事情。張經理輕輕拍了拍曾秀芳的肩膀說：「我昨天觀察了你一天，面對工作，即使是最後一天上班，你還能那麼認真負責完成自己工作。你的這種精神是難能可貴的，也是公司所缺少的。正好公司的品質檢驗部缺一名品管員，我相信你在那一定會做得很出色。」

面臨被「解雇」的處境，曾秀芳依然能堅守自己職位，站好了最後一班，這是一種做人的優良品格，這種的人格力量不僅會彌補自身的缺陷，而且也能讓別人看到自己的長處，從而會受到別人尊敬。

在工作上積極承擔責任並主動解決問題的人，都是卓有成效和積極主動的人。L集團到我們實際工作中，那些每天早出晚歸的人不一定就在認真工作，每天忙忙碌碌的人不一定有優秀的績效，每天按時打卡、準時出現在辦公室的人也不一定在工作上沒有一點失誤。無論哪個企業，需要的絕不是那種僅僅遵守紀律、循規蹈矩、缺乏熱情和責任感的員工，而是需要積極主動、自動自發去投入熱情的員工。所以，落實工作的前提就是先要培養責任心。那麼，如何才能培養我們的責任心呢?可以從以下幾個方面入手：

始終保持強烈的使命感

興趣和義務可以讓我們更具使命感。興趣會使人的「內在激勵」更持久、更經濟、更有效，因為責任與興趣是相伴而生的。所以，在工作中，首先要培養自己對這份工作的興趣。如果對自己現在的工作實在產生不了興趣，就沒必要去浪費時間，而應積極去尋找感興趣的工作。

不要推卸責任

有些員工經常以這樣或那樣的理由來推卸責任：「這不是我的職責」、「老闆沒要求我這麼做」等，讓自己置身事外，這是不正確的態度。身為公司的一名員工，應該抱著「公司的事就是我的事」的工作信念，真誠為公司發展著想。倘若你是公司的一名貨運管理員，當你發現發貨清單上有一個錯誤，但看似與自己職責無關時，你該如何處理呢?如果抱著「反正不是我的錯」的心態繼續工作，等到真的釀成大禍時，你可就無法推卸責任了!倘若你是一名過磅員，如果磅秤的刻度有問題，這還能說與你的工作無關嗎？

不要做旁觀者

很多人會抱有一種「先看看」的態度看別人工作，這是一種消極的行為，也是對工作不負責任的行為。優秀的員工從來都是積極的參與者，而不是旁觀者。

自信面對現實

有成就的人看待問題從來都是保持積極的心態，他們不會在沒有做之前，就假定「這件事情我做不好」。缺乏勇氣是害怕承擔責任的一個重要原因，而相信自己的潛能，自信面對現實，就能勇敢承擔責任。同時，也不要輕視自己的工作，再平凡的工作都是未來不平凡的累積。

如果以上幾個方面你都能做到，那麼對待工作就會積極主動、一絲不苟。只有這樣，在工作的落實中才能夠發現問題、駕馭問題，並保證自己隨時都在進步。

【落實箴言】

做一個落實型員工，最基本的就是有責任心，對工作積極主動。

不要懼怕承擔風險

不要懼怕承擔風險

在這個世界上，沒有不需承擔責任的工作。在工作落實的過程中，經常會發生一些令人意想不到的事情。這時候，負責者必須先冷靜下來，有為責任勇擔風險的精神，憑自己的經驗和分析迅速做出正確的決定，並當機立斷實行。

蕭烈和張偉同在一家快遞公司工作了很多年，由於他們工作都比較出色，深得老闆的喜歡。一次，老闆交給蕭烈和張偉一個任務，把一個很名貴的古董花瓶送到另一家公司。他們深知這個花瓶很昂貴，一路上，小心翼翼，生怕有所閃失。但是越怕有事越有事。在搬運過程中，蕭烈不小心將花瓶撞在了樓梯邊角上，古董花瓶便成了一地碎片。

回到公司，蕭烈趁著張偉不注意，跑到老闆的辦公室，臉不紅氣不喘說：「這件事情我沒有責任，都是張偉不小心碰碎了花瓶。」老闆坐在辦公桌後，足足盯了蕭烈一分鐘，直到蕭烈有些不安，結結巴巴解釋了半天。老闆才開口說：「謝謝你，蕭烈，情況我了解了，我會處理的，你先出去吧！」

隨後，老闆又打電話叫來了張偉。

張偉一進門就說：「老闆，這件事情都是我的錯誤，是我不小心把花瓶弄壞的，我願意承擔責任。另外，蕭烈剛結婚，手頭比較拮据，如果允許的話，他的責任我也來承擔。我一定會彌補上我們損失。」

蕭烈和張偉和又足足等待了一個月時間，才等到老闆的處理結果。

這天，老闆同時把他們兩人叫到辦公室，對他們說：「公司一直比較器重你倆，早就有意從你倆當中選擇一個擔任客戶部經理，但沒想到出了這樣一件事情，不過也好，這會讓我們更清楚誰更能勝任這個職位。經過研究決定，我們請張偉擔任公司的客戶部經理，因為，一個不懼怕承擔責任的風險往往更值得信任。

說到這，老闆停頓了一下，盯著張偉說：「張偉，你以後就用你賺的錢償還客戶的損失。」然後，老闆又把目光移到蕭烈臉上說：「你自己想辦法賠償客戶的損失，還有，你明天不用來上班了。」

一聽這話，蕭烈一臉鐵青，張了張嘴，似乎還想辯解什麼，但是終究還是沒說出來，低著頭，悻悻走了出去。

一個人在犯了錯誤的時候，就應該主動承擔起來，並想方設法去彌補，而不是把責任推諉給別人。別人沒有理由也沒有責任為你分擔；在任何時候，都不能把希望寄託在別人身上，一切都要自己努力才行。

另外，不懼怕承擔責任的風險是在工作中制勝的保證。在多數情況下，對一些較容易解決的事情，人們樂意負責；而一旦遇到有難度的事情就沒有勇氣承擔，這種思維常常是導致工作失敗的原因。

一個優秀的員工，不僅要敢於承擔小的責任，而且更要懂得在重大、緊急情況下，不推卸責任，應變執行，而是運用自己的智慧，做出正確的判斷，避免損失甚至是災難的發生。

在職場中，你的職位越高、權力越大，你肩負的責任就越重，不要害怕承擔責任，要下定決心，你一定可以承擔職業生涯中更多的責任，你一定可以比前人完成得更出色。

卡耐基說過：「有兩種人絕對不會成功：一種是除非別人要他做，否則絕不會主動負責的人；另一種則是別人即使讓他做，他也做不好的人。而那些不要別人催促，就會主動負責做事的人，如果不半途而廢，他們必定會成功。」

在落實的過程中，總是把責任推給別人的人難成大事，他的這種行為不是精明而是懦弱。做事情總會有失敗，但失敗了不去分析自己失敗的原因，而是彼此推卸責任，那麼在工作落實上就永遠不會有成效。反之，成功必定會屬於你。

松下曾經遇到一件令他特別感動的事，這件事就是某經營者負責到底的故事。事件的主人公是一位和松下有往來的客戶，生意做得不錯。第二次世界大戰以後，經濟大動盪，此人沒有能力再使企業經營下去了，又需要還銀行的貸款，不得不宣布破產清查財物。為了還債，他甚至準備把太太的戒指也拿出來。生意場上失手的人，清理時總還是要留下些活命的財產以維持生計，這是人之常情。他卻全部拿了出來，連銀行都感到吃驚。在銀行的再三勸阻下，他才留下了一些私產和維持生計的財物。數年後，他東山再起，重新創業成功。

對這種負責到底的精神，連松下都感到自愧不如，敬佩之情油然而生。至此，松下更加明確了一個信念：經營者如不能負責到底，就不能真正做好經營。

同理，要想成為一名優秀的員工，首先要勇於承擔責任。不是為某種目的，不是只在事前接受任務、承擔責任，而是應在進行中負責，在出了問題的時候更要勇於承擔責任。否則，無法成大事。

成功的落實者「遇事時不會退縮不前，逢難時必能很快決斷」。如果偶遇風險即裹足不前，偶遭挫折即一蹶不振，這樣的表現就是懦弱，有這種表現的人就是懦夫。

有句俗語「出頭的椽子先爛」，其意是在勸人莫出頭。在某種場合或情況下，這或許是聰明者的表現；但天下至理仍然是：「一分耕耘，一分收穫」。

人生際遇中，有些別人不願落實的事情你落實了，就會有意想不到的收穫；有些別人不敢落實的事情你落實了，就會取得出人意料的成功。

【落實箴言】

想要成為優秀的落實者，不僅不能推卸責任，還要勇於承擔責任，將肩上挑的責任化為動力，使自己不斷前進。

崗位，就是一種承擔

一些不成熟的員工往往會打著瀟灑的藉口，對自己的工作嗤之以鼻。他們把對工作的責任當成一種負擔，從來不去認真落實，稍有不順心就辭職。如果這樣對待工作，一天天混日子，必然是年華虛耗，一事無成。談何謀求自我發展？談何改變自己的人生境遇？又談何實現自己的夢想？

責任感不容易獲得，原因在於它是由許多小事構成的。但最基本的是要心態成熟、做事成熟，無論多小的事，都要認真、負責去落實。

張浩應聘到一家煉鋼公司工作，還在試用期的時候，就發現很多用來煉鋼的礦石沒有得到完全冶煉，甚至在一些礦石中還殘留著不少沒煉好的鋼。他又仔細觀察了很長時間，發現每次煉鋼的廢料都有同樣的問題。他想，長此以往，肯定會給公司造成很大損失。他決心把這種情況反映給公司。

首先他找到了負責這項工作的工人，告訴他這個問題，這位強壯的工人根本就不信，蠻橫說：「如果是技術方面出現了問題，一定會有工程師來通知我的，但是至今還沒有一個工程師來找我，那就說明一切正常。」說完，就叫張浩趕緊走開。

張浩又找到負責這項工作的工程師，向工程師說明了這個問題。工程師一聽，心想，一個剛畢業的大學生，毛還沒長全，就敢挑我毛病，但是他並沒這麼說，只是十分有自信告訴張浩：「小夥子，你提的問題很好，但是我們的技術是世界上一流的，不可能出現這樣的問題，即使有，也是億萬分之的機率，這也不應該是你擔心的問題。好了，你該回去做你的工作了。」

張浩感到十分無奈，但他還是確信自己的判斷是正確的，想到這，他回去拿了一塊沒有冶煉好的礦石到了總工程師辦公室，他說：「我們公司煉鋼的機器出了故障，您看這塊礦石是不是有問題？」總工程師接過來一看，肯定說：「沒錯，年輕人，這塊礦石確實有問題。可是公司的設備和技術都是一流，怎麼會有問題？」「工程師也是這麼認為的，但是事實就是如此。」張浩依然堅持。「看來是真出問題了，怎麼沒人向我反映？」總工程師突然發怒了。他召集了所有的工程師來到生產線，果然發現了大量的冶煉不完全的礦石。經過一系列的檢查，發現煉鋼機器上的一個零件損壞了，才出現冶煉不完全。

公司的董事長聽說了這件事情，不但讓張浩提前結束實習期，還提拔他為全公司的技術總監。

董事長不無感慨說：「我們需要的不是有多少優秀的工程師，我們缺的是一個有責任感的工程師，這麼多工程師中，竟然沒有一個人能及時發現問題，而且有人提出了問題，還沒有被重視。對於一家公司而言，人才固然重要，但更重要的是，公司更需要有真正責任感的人才。」

管理專家說過，人的本性是迴避風險、逃避責任的。但是人性是複雜的，人的本能也存在雙重性。逃避責任是一種本能，擁抱責任也是一種本能。因而，面對工作中具體的責任，人往往會產生兩種心態：一種人會感到強大的壓力，心理上無法承受，以至於在責任面前手足無措，無所事事，因為害怕犯錯誤而選擇了唯唯諾諾、故步自封；而另一種人卻可以把責任轉化為一種動力，激勵自己克難攻堅，保持樂觀的精神狀態。

科學家們做過這樣一個實驗：巨大的鐵絲網裡關著公狼、母狼和小狼一家。實驗開始時，科學家們首先把公狼放了出去，但仍然囚禁著母狼和小狼。在兩個月的時間裡，經常可以看到公狼徘徊在鐵絲網的周邊，牠變得精神委頓、有氣無力，幾乎失去了狼原有的靈性。

按照實驗計畫，接下來是要放小狼出去。但是幾位科學家在這時產生了分歧，多數人主張不要放小狼，因為公狼的狀態看起來非常差，恐怕沒幾天可活了，小狼交給公狼，搞不好會「兩狼俱損」，實驗的前期投入也將付之東流。就在雙方意見僵持不下時，主持這個實驗的科學家最後做出決定，把小狼放走，他相信自己原先的預想會在這次實驗的結果中得到印證。於是，小狼被放到鐵絲網外，公狼和小狼在此後一段時間內便消失在人們的視野中。

終於有一天，公狼帶著小狼回來了，如今這兩隻狼都非常健壯，毛色油亮。是什麼原因致使牠們如此健康呢？原來，由於母狼不在，公狼便承擔起哺育小狼的責任，從而一下子打起精神，積極捕獵食物，所以兩隻狼的健康狀況都改善了。因為牠們一直惦記著母狼，所以總是待在鐵絲網周圍，不肯遠走。

實驗最後一步，人們把母狼也放了，從此以後，再也沒了這三隻狼的蹤影。科學家們說，公狼、母狼現在不僅共同承擔養育後代的責任，而且也要互相承擔責任，牠們一定自由而快樂生活在自己的天地中。

在動物界都是如此，這就不難解釋為什麼人類中的成功者總是那些積極承擔責任、勇於挑戰困難的人了。責任是一種人生態度，是一種價值追求，更是一種義務。因此，我們不應把責任當作負擔，而是要學會擁抱責任。

【落實箴言】

事實證明，富有責任感的人無論承擔何種工作任務，都能比那些沒有責任感的人更容易去落實，從而取得成功。

全力以赴，做到最好

職場上，有些人本來具有出色的能力，卻因為不具備盡職盡責的工作精神，在工作中出現疏漏，結果，讓自己逐漸平庸下去。而另外一些人，在剛開始在工作中表現得並不出色，但是他們不折不扣履行其職責，想盡一切辦法把自己的工作落實到位，因而在事業上取得不小的成就。

所以，千萬不要利用各種藉口來暗示自己我不行、我沒有那個能力，從而忘卻自己應該承擔的責任。藉口只能讓你的情緒獲得短暫的放鬆，卻絲毫無助於工作的落實。成功不在於天賦，而在於態度。有能力也不等於有成績，但是一個人若是能全力以赴去工作，相信總會有收穫的。

有一個來自偏遠山區的女孩千里迢迢來到大城市，想闖出一番事業，改變命運。

但是，當她真正站到這燈紅酒綠，車水馬龍的大都市的時候，她卻傻眼了，這裡到處都是陌生的，她甚至都分不清東南是西北，哪有她的安身立命的地方？那一刻，她開始後悔當初為什不聽家人的勸說，找一個好人家嫁了，平平安安過日子，該多好！

但是，人窮志不窮。這個女孩有著特有的執拗。她在白天遊蕩在大城市，不斷找工作，晚上就住最便宜的小旅館。當她把身上所有的錢快花光的時候，她開始熟悉和了解了這個大城市，不再那麼惶恐不安了，但是工作還是沒有著落。因為她既沒有好學歷，也不會特殊的技能，誰也不願意雇用她。

也許是她命不該絕。在她到了真正山窮水盡在大街上到處遊蕩的時候，一個老闆模樣的人攔住了她，問她是不是找工作。她只是一個勁的點頭。那人問她願不願意到他的飯店當服務員。她想都沒想，依然點頭，然後就跟著那人走了。後來，當她想起這件事情的時候，都不由的害怕，萬一碰上壞人在怎麼辦呢？不過，旋即她就釋然了，世上還是好人比較多。

她把服務員的工作做得如魚得水。

在常人看來，服務員就是一個端茶倒水的職業，不需要什麼技能。也有很多人從事這個職業很多年了，但很少會有認真投入這個職業的，因為看起來實在沒有什麼需要投入的。

但是，這個女孩卻恰恰相反，她十分珍惜這份來之不易的工作。她一開始就用了極大的耐心，並且全身心投入工作當中去。

幾個月後，她不但記住了常來的客人臉孔，甚至還能喊出他們的名字，而且還記住了他們的口味，只要客人光顧，她總會辦法讓客人隨興而來，盡興而歸。她太能幹了，在贏得了很多顧客的交口稱讚的同時，也為飯店增加了營業額，她總是有辦法讓客人多點一道或兩道菜，並且手腳敏捷，在別的服務員只照顧一桌客人的時候，她卻能獨自招待好幾桌客人。甚至有的小夥子吃完飯不肯走，為的就是想看看她迷人的微笑。

再過一段時間，伯樂老闆也發現了她的才能，有意提拔她為飯店的經理。可是，她卻一再感謝並不接受。

原來，有位長期在飯店吃飯的客人，準備在餐營業發展，並且看中了她的才能，想與她合作開一家餐飲公司，創業資金全部由對方承擔，她負責經營管理，並且還鄭重承諾給她百分之三十股份。

如今，她已經是擁有好幾家飯店的女老闆了，她徹底改變了自己的命運。

以後，在培訓新員工的大會上，她總會先講講自己經歷激勵那些年經學子，最後她只以八個字作為結束語「全力以赴，做到最好。」

一個人無論從事什麼樣的職業，都應該盡心盡力去履行其職責。而那些以各種藉口逃避責任的人，註定是要失敗的。

作為一名員工，不應該因為膽怯而害怕承認錯誤，要知道迴避錯誤比犯錯誤更可恥，這樣的人連最起碼的誠實都做不到；不應該相互推諉、斤斤計較過失的多少，因為既然犯了錯，大家就都在同一條水平線上，沒有好壞之分；更不應該抱著搭便車的態度逃避責任，因為一旦放棄了經受挑戰的機會，就等於放棄了成長和成功。

工作落實的同時就是給自己新的成長空間，就是給自己新的發展機遇，因此，我們應該不折不扣履行職責，讓自己做一個誠實的、勇敢的、自信的人。

而以嚴謹、認真而聞名於世的德國人就是一部盡心盡力履行職責的最佳教材。

所以，當你面對大街上的賓士和 BMW 汽車，你一定會被德國獨有的技術文化所震撼和感染，從儒雅、大方的外觀到性能優良的引擎，幾乎每一個無可挑剔，近乎完美工藝都能深深體現出德國人對完美的不懈追求。由於產品的品質高，「德國製造」已經成了全世界「品質」的代名詞，也正是這個獨步天下的認真與嚴謹打造了「德國製造」良好的口碑。

對於德國人的這種嚴謹、認真的態度，國內一位房地產大亨回憶道：「曾經和德國的一家房地產公司合作，一個從總部來的工程師，為了拍一張合作場地項目的全景，本來在樓上就可以拍到，但是他還是不顧別人的勸阻，徒步走了好幾公里，爬上附近最高的一座山，把場地項目周圍的景觀也拍了進去。當時，我就問他為什麼要這麼做。他說：『回去在開董事會的時候，我要能詳細、客觀介紹合作專案的真實情況，不然就是我的失職。』這位工程師的信條是，『我要做的任何事情，絕對不讓別人操心。任何事情，做到百分之百才能算是合格，百分之九十九也不能算合格。』」

由此就能看出，德國人對自己的工作是異乎尋常的盡職盡責，這不僅僅是這民族的特性，更是德國人對自己職業的要求和準則。

如果我們也能像那位德國工程師把自己工作做到位，那麼，用不了多久，我們也能創造出像賓士和 BMW 一樣的國際品牌，企業也能在國際的競爭中脫穎而出。

而作為一名合格的員工，應該永遠對兩件事情盡心盡力履行職責：一件是目前所從事的工作，另一件是以前所從事的工作。如果真正做到這兩點，那麼他一定是個有出息的員工、一個優秀的落實者，因為他能夠以負責的精神為自己將來鋪路。

哈里．杜魯門擔任美國總統時，他的辦公室門口掛著一塊牌子，上面寫著：「責任就在這裡。」在工作中，我們應該保持這種態度，拋棄尋找藉口的習慣，如果你覺得主管不夠重視你，請不要埋怨主管，要先從自己身上找原因，看看是否因為自己能力不足或協調不當所導致；如果你不能完成公司交給你的任務，請不要抱怨太困難，要先檢討自己，看看自己是否已經盡力。對待工作，一定要不折不扣、盡心盡力履行自己的職責，只有這樣，才能更正確落實工作。

【落實箴言】

一個優秀的員工，遇到問題時會主動去解決，面對失誤時會主動承擔，能夠對自己的失誤負責，不僅能以良好的人品、道德和人格魅力換得別人的信賴，同時，也能在盡心盡力履行職責的過程中提升自己的落實力。

凡事不能「差不多」

世界上不存在真正的完美，但應該有一個追求完美的心態，並把它當作一種生活習慣。如今，雖然很多人都有遠大的目標，但在具體落實時，由於缺乏對完美的執著追求，凡事覺得「差不多」即可，結果由於落實的偏差，導致「差不多的計畫」到最後變得面目全非。

正是因為有了這些「差不多就行了」的藉口，許許多多曾經擁有遠大理想的人最後也只是平庸過完一生。實際上，不管是企業還是個人，目標再輝煌，如果不能很好把它落實到實際行動中，即使再完美的計畫也會被擱淺，從而導致最終的失敗。可見，「差不多」其實「差遠了」。

有一年，小麥價格有上漲的趨勢，一家麵粉廠的老闆非常精明，認為天賜良機，現在採購一批小麥囤積起來，到了漲價的時候，無論是拋售還是自用，肯定能大賺一筆。於是，他派出一名業務員去小麥產區採購小麥。

但是，精明的老闆千算萬算，就是沒算到產區糧庫的負責人並不比他傻，人家也聽說糧食漲價的消息，所以大多數糧庫都待價而沽，並不想賣糧食。這位業務員幾乎把所有的糧庫都跑遍了，沒有一個人理他。

接連幾個星期的苦戰無果，這位業務員心灰意冷，不由想起老闆在自己臨行前的告誡：「拿下這筆生意，給你升職加薪，若是拿不下，捲著行李回家。」

老闆的死命令讓這位業務員把心一橫，對著糧庫的一些負責人死纏爛打，負責人也很無奈，解釋半天，業務員就是不聽，最後負責人說：「糧食有的是，賣給你也行，五千元一噸，要是嫌價格高，就別買。」

這位業務員聽了頓時沒了主意，他出來的這段時間根本就不知道小麥價格漲到什麼程度了，於是給後方的老闆發電報問：「一萬噸小麥，五千元一噸，價格高不高，買不買?」

老闆看到電報後，氣的滿臉橫肉都跳了起來，對祕書說：「瞎搞，哪有這麼高的價格，現在最高價格還不到三千元。你趕緊給他發電報告訴說價格太高。」

祕書立馬到郵局發了份電報：「不太高。」

沒幾天，業務員帶著一份訂購合同喜孜孜回來了，這把老闆弄得一頭霧水，追查原因才知道，祕書發電報的時候，「不」後面竟然沒加句號。如果按這份合同執行，就等於公司白白扔了一百多萬，後來還是老闆親自出馬，動用了不少關係，才挽回一些損失。

結果，那位祕書很快就被老闆炒魷魚。

的確，看起來「不太高」和「不。太高」是相差無幾，但是就是因為一個不起眼的句號，結果卻關乎著一家公司的存亡衰敗。

也許在生活中，「差不多先生」對樣樣事情都看得破，想得開，不計較，能算作是一個「老好人」。不過，在職場上，「差不多」的心態卻是必須杜絕的，因為每個員工都是團隊的一分子，如果每個人都是「差不多」，不僅會導致公司難以獲得利潤，甚至還會因不慎造成重大事故。

有一家公司花高價從德國引進了一批先進設備，德國工程師在安裝調試的時候，發現有一顆螺絲釘歪歪斜斜的在設備上，但是緊固度沒有問題。而我們的工程師同樣也發現了這個問題，但只是很大度笑笑說：「這沒什麼大不了的，所有的六角的螺絲緊固力度不可能都一樣，差不多就行了。」德國工程師聽了，卻好不為所動：「不，雖然暫時沒有任何問題，但是一旦投入使用，那就是人命關天的事。況且，安裝這個螺絲釘也沒按照規範標準去做，所以，我必須重新緊固一次螺絲。」

後來調查發現是我們的安裝工人的問題，緊固這些大螺絲的時候，必須由兩個人配合，一個固定扳手，另一個緊固螺絲。但是，我們的工人卻是一個人緊固螺絲，另一個在一旁休息。

因此，我們做任何工作都要實實在在，都要認真負責，不能敷衍了事，必須把該做的事情做好。只有對自己要求嚴格，與「差不多先生」絕交，才能真正明白什麼是責任，才能下決心把工作做到最好，才可以避免自己也成為職場中的「差不多先生」。

汕頭大學校董事會名譽主席李嘉誠在汕頭大學二〇〇六年畢業典禮上的致詞以《打倒差不多先生》為專題。他表示：「我最近重讀了胡適先生一九二四年所寫的《差不多先生》，差不多先生若真有其人，他早應該不在人世。」他接著說：「現代科學至今還未找到人死復生的靈丹妙藥，何以獨是差不多先生能成功存活於世？」他說：「也許胡適的差不多先生已變異為病毒，透過散播，感染越來越多人。病毒強烈的僵化力使腦筋本來聰明的人思想停滯不前，神智昏沉，虛度其漫無目的又無所期待的庸碌日子。」

李嘉誠又強調：「當我重讀這篇名著後，令我驚駭的不僅是差不多先生可憐的愚昧，更糟的是旁人接受如此荒謬的存在方式，還企圖自圓其說，這種扭曲式的浪費智慧的行為足以令人哭泣。」他說：「醫生準確斷症是病人痊癒的起點，差不多是一種折損人靈魂的病，令人懶散。要知道，人的生命光輝需要憑仗自我馳騁超越。

各位同學，如果你不願被命運扣上枷鎖，你必須謹記，活著是一種參與，你要勇於思考、尊重科學、尊重原則，能感受、有追求、有關心，能經得起考驗，骨中有節，心中有慈，心中有愛。」最後，李嘉誠說：「終我一生，我將毫不含糊和不變的活出我精神力量的精彩和我血肉熱切之心！我是絕對不會成為差不多先生的，你們呢？」

從李嘉誠的致詞中，我們能深刻體會到，「差不多先生」在現代社會還是很常見的，或許在不經意中你自己也在扮演這樣的角色。反省一下自己吧，是否經常對自己制定的計畫做出讓步？覺得差不多就行？如果是，趕緊與「差不多先生」劃清界限，把自己這種不負責任的態度丟掉，否則，你總有一天會為自己的「差不多先生」而付出沉重的代價。

試想，有哪個老闆願意自己的員工在工作落實中得過且過，希望自己的員工以「差不多先生」的心態投入工作呢？

【落實箴言】

做任何工作都要實實在在，都要認真負責，把該做的事情做好，堅決遠離「差不多先生」。

一分問題即一百分責任

在落實過程中，只要有百分之一的工作落實不到位，往往就會使之前所做的努力全都白費。這就要求我們用百分之百的責任去解決百分之一的問題，這樣才能使工作落實到位。

松下幸之助說過：「工作就是不斷發現問題，分析問題，最終解決問題的一個過程——晉升之門將永遠為那些隨時解決問題的人敞開著。」工作的實質，就用我們的才華、責任、幹勁，不斷尋求解決的方法，清除落實工作的障礙。

有的員工在遇到問題的時候，只考慮「問題是什麼」，那麼，他一定不是一個合格的員工。

只有不找種種藉口和理由，面對現實中的問題，積極去找解決問題的方法，那麼，終有一天你的才能會被發現，升遷之門也會為你打開。

H集團生產的家用電器在國內外可謂是家喻戶曉，其產品品質也得到了人們的信賴。H集團之所以能發展壯大，並且長期屹立不倒的最大原因，就是抱著「認真解決每一個問題的精神」。而洗衣機本部住宅設施事業部衛浴分廠廠長魏小娥就是一個典型的代表。

H集團為了發展整體衛浴設施的生產，派遣魏小娥到東渡日本，學習當時世界上最先進的整體廁所生產技術。在學習期間，細心的魏小娥發現，日本生產的產品合格率是百分之九十九。「為什麼不能把產品的合格率提高到百分之百？」在一次技術交流座談會上，魏小娥向日本的技術人員提出了這個問題。「百分之百？你覺得能做到嗎？」精益求精的日本人也認為世界上沒有百分之百的完美。

但是，魏小娥的覺得作為一個H集團中的一員，有一分問題就是一百分責任，所以要麼不做，要做就做到最好。所以，她們產品的品質標準就應該達到百分之百。從此以後，魏小娥利用一切時間去研究各種資料，攻克各種技術上的難關，幾個月後，魏小娥帶著最先進的技術和趕超日本的信念回到了H集團。

一年以後，日本大名鼎鼎的模具專家宮川專程來訪問H集團，見到了衛浴分廠的廠長魏小娥。令他沒想到的是曾經還向自己學習的「學生」魏小娥，現在竟然獨當一面，看到魏小娥管轄內乾淨的生產現場、技術嫻熟的工人和完美的產品，他再次稱讚了。

「有幾個問題我想了很多辦法嘗試去解決，但是未能如願。日本衛浴產品生產現場又髒又亂，我們一直想改變這種狀況，但是卻無從下手。你們是用什麼方法保持現場清潔的？百分之百產品的合格率是我們不敢奢求的，對我們來說，百分之一的報廢率、百分之五的不良率是理所當然的，你們又是如何讓產品品質達到百分之百的？」

「用心。」魏小娥一字一頓說。宮川聽後又是暗暗吃了一驚。用心，看似很容易，但實際上卻很難做到。

在日本交流學習結束後，魏小娥迫不及待回到H集團，把工作力度都放在了衛浴分廠的模具品質上。不論是工作日還是節假日，魏小娥對品質的要求從來沒鬆懈過一天。

一天，魏小娥加班到很晚，試圖解決產品「毛邊」的問題。但是毫無結果。她只好回家了。在吃飯的時候，她還是心不在焉思考這這個問題。突然，她看到了女兒用新買的削鉛筆機削鉛筆，鉛筆的碎末都透過排屑槽落到了一個小盒子中。魏小娥忽然有了靈感，連忙放下碗筷，拿起工具就開始畫起了設計藍圖。

第二天，一個設計精巧的，專門收集廢料的盒子便誕生了，這樣避免了機器壓出來的廢料落在原料或現場，直接掉在小盒子中，同時，也解決了板材上有黑點的問題。

在試模的前一天，嚴謹的魏小娥親自監督，她在原材料中發現了一根頭髮絲，這看似不起眼的頭髮，一旦混進原料中就會出現廢品。魏小娥馬上給大家統一定制了工作衣和工作帽，並要求大家統一剪短髮。就這樣，魏小娥將可能出現廢品百分之一的因素也消滅在無形之中。

可見，只要抱著一顆「一分問題既一百分的責任」的態度去落實工作，那麼總會找到解決問題的方法的。相反，一個人既沒有突出的能力，也沒多少知識，這並不可怕，可怕的是，沒有沒有對工作負責的精神。發現問題後，卻是一副事不關己的模樣，這樣的員工是永遠不會得到重用和提拔的。

總而言之，問題就是需要有人及時去解決的，所以，在工作中遇到各種問題的時候，不要逃避，也不要有多少幻想，而是要拿出勇氣，盡量不去依賴別人，拿出自己解決方案，讓問題終結在你的手裡，這才能確實落實工作。

【落實箴言】

無論有多大的能力，都必須盡到百分之百的責任，因為百分之一的疏忽和大意很可能造成百分之百的損失和危害。

超強責任心，落實才徹底

要做一個落實型員工，最重要的一個準則就是具有責任心。只有認真負責，才能把工作真正落實到位，在落實的過程中，容不得我們半點馬虎和不負責任。

判斷一個人是否具有優秀品質，首先要看其是否具有責任心。一個負責任的員工才是優秀的員工，反過來說，一個員工之所以被人們認為是優秀的，基本上是因為他把責任心放在了落實的首位。

或許你會發現周圍那些優秀的同事總是能夠成功完成任務，而那些任務在自己眼中往往是不可能完成的，於是就開始推脫逃避，這是由一個人對工作有無責任感所致。

一位優秀員工曾精闢總結道：責任感是簡單而無價的，責任感讓我在工作中表現得更加卓越。談到負責任，這位優秀員工舉了一個美國作家的例子：有一個年輕人想做這位作家的抄寫員，於是向這位作家毛遂自薦。作家對這位年輕人做了一番審視後，覺得他完全可以勝任抄寫工作，便和他談妥條件，讓他坐下來開始工作。

但是剛剛工作不久，這位年輕人就頻繁看外邊教堂的鐘，然後心急如焚對作家說：「我現在不能待在這裡，我要去吃飯。」作家聽後便說：「噢，你必須去吃飯，你必須去！今後你就一直為了今天你等著去吃的那頓飯祈禱吧，我們兩個永遠都不可能在一起工作了。」

後來，作家對當時在場的一位朋友解釋說：「這位年輕人在求職時說過，他曾因找不到工作而感到特別沮喪，但是當他稍微有點起色的時候，卻只想著去吃飯，而把自己說過的話以及應該承擔的責任忘得一乾二淨。」

工作也就代表著責任，世界上最可恥的事情莫過於忘卻責任，面對錯誤，逃避責任。因為，工作業績和責任心是密切相關的，而且具有一致性。

如果遇到問題就給自己找理由「這太苛刻了，我不可能做到」來推卸責任，那麼，你的工作落實永遠不可能產生績效。唯有全力以赴，負責到底，才能挖掘你潛藏的卓越能力。

超強責任心，落實才徹底

王磊是大學四年級學生，為了得到一個實習機會，他在網上投了無數履歷之後，終於有一家建築公司讓他來實習。得到這個消息之後，他下定了決心，一定要做出一番大事業。

去公司報到的時候，恰好是工程全面展開的時候，他自然就被安排到了工作最前線——施工現場承擔技術方面的工作。

施工現場的條件異常艱苦，工地的道路全是一些土石路，一到颳風或者下雨，不是塵土飛揚，就是泥濘難行。工地職工的住所是臨時搭建的組合屋，王磊和工地的張師傅同吃同住。

雖然王磊的工作量不是很大，但是很繁瑣，背著工具來來回回，裡裡外外，一天下來能把整個工地繞幾十遍。晚上下班的時候，他累的渾身骨頭都要散了，連飯也吃不下，只想早點上床睡覺。

這些事情王磊在學校之前，從未經歷過，雖然也聽畢業的師兄們說工作很辛苦，但是他心底還是有些懷疑，真有那麼辛苦嗎？或許是你們的能力不夠，以我的能力一定會很快升職的。但是眼下，他才知道自己的想法和現實的差距是多麼大。他甚至開始懷疑自己能否堅持下去了。就在這時，有一件事情徹底改變了他的消極思想。

那天深夜，天氣突變，電閃雷鳴，不一會兒便是大雨如注。大家都辛苦工作了一天了，都非常累，石磊和同住的張師傅早就沉入了夢鄉。

這時候，突然外邊有人把門敲的震響，並喊道：「張師傅，張師傅，工地地基有一部分崩塌了！」張師傅雖然很累，但並沒有睡死，他聽到出了事，立馬翻身下床，迅速披上外套，穿好鞋子，戴上安全帽，拿上雨傘，一開門就衝了出去。

也不知道過了多長時間，睡眼朦朧王磊才感覺到張師傅帶著一身疲累回到了宿舍。第二天，王磊忍不住問張師傅：「工地現場不是有專門的負責人嗎？您告訴他們怎麼處理不就行了，這麼大年紀了還冒那麼大的風雨出去，不是自討苦吃嗎？」張師傅聽了王磊的話，只是微微一笑說：「責任和年齡大小沒關係！」

「責任和年齡大小沒關係！」就這樣一句簡簡單單的話，深深觸動了王磊。在張師傅身上，王磊看到了一種值得讓人學習的敬業精神和工作責任心。施工現場的技術工作雖然辛勞繁瑣，但是責任又很重大，技術方面的工作自然更為嚴格、詳細，不能有絲毫馬虎和鬆懈，有任何一點不負責的行為出現，都可能帶來嚴重的後果。

所以在實際工作中，不論有些部分是否屬於你的責任，但是只要關乎公司利益，都要像案例中那位張師傅一樣，毫不猶豫將責任一肩挑起，不要想著「做好做歹一個樣，反正由老闆負責任」。從本質上來說，任何一項工作都是員工的責任——員工應對自己的行為負責，對公司和老闆負責，對客戶負責。作為一名員工，假如你強烈渴望擁有卓越的績效，就必須懂得這一點，並將它付諸於工作的一點一滴之中。久而久之，你就會發現，日漸攀升的落實力和工作效率，正一步步將你推向優秀員工的行列。

因此，假如你的工作還不夠優秀，落實力還沒有發揮到最高水準，這說明你需要更強烈的責任感，需要擁有對工作高度負責的精神。因為，沒有這種精神，就無法真正把落實做到位。

【落實箴言】

強烈的責任感能夠讓你像鯉魚躍龍門那樣，跨越障礙、提升能力。強大的責任心能夠為你打開心裡的枷鎖，使你具有高出平常的智慧和落實力，從而使工作得到更加完美的落實。

將「讓我執行」轉化為「我要進行」

在落實工作的過程中，只懂得一味工作是遠遠不夠的，還要有工作意願，即自動自發。所謂自動自發，就是充分發揮主觀能動性和培養責任心，在接受工作後盡一切努力，把「讓我執行」變為「我要進行」，想盡一切辦法把工作落實到位。

比爾．蓋茲曾經說過：「一個好員工，應該是一個積極主動去做事、積極主動去提高自身技能的人。這樣的員工，不必依靠管理手段去讓他積極行動。」

前Google全球副總裁李開復說：「不要再只是被動等待別人告訴你應該做什麼，而是應該主動去了解自己要做什麼，並且仔細規劃，然後全力以赴去完成。想想在今天世界上最成功的那些人，有幾個是唯唯諾諾、等人吩咐的人？對待工作，你需要以一個母親對待孩子般的責任心和愛心去投入，不斷努力。果真如此，便沒有什麼目標是不能達到的。」

一個身家上億的老總曾講過這樣一個故事，曾經有一個年輕人來他公司面試，透過一番交談，老總覺得這個年輕人並不適合他們公司的工作。因此，老總委婉告訴年輕人他的想法。年輕人聽了，也十分理解，很客氣和他告別。當他從椅子上起身的時候，褲子被椅子上的突起的釘子劃破了。年輕人二話不說，在老總的辦公桌上拿起鎮尺，「咚咚」兩下，就把釘子敲了回去，然後轉身就走。就在這一刻，老總突然改變了注意，他叫住了年輕人，留下了他。

事後，這位老總說：「我知道他或許未必適合本公司的工作，但是他的責任心打動了我。我深信這樣的人做事肯定讓人放心。」

有時候，責任並不是在別人監督的情況下才體現出來，而是一種愛心，一種習慣性行為，也是很重要的道德素質，是一個優秀的人必須所具備的。梁啟超曾說過：「凡屬我應該做的事，而且力量能夠做到的，我對於這件事便有了責任，凡屬於我自己打主意要做的一件事，便是現在的自己和將來的自己立了一種契約，便是自己對於自己加一層責任。」

一個員工要能不斷主動去接受新任務，並認真去落實這些新任務。優秀員工從來都是自動自發，主動挖掘自身潛能，從而慢慢拉開了與基層員工的距離。

主動就是不用別人告訴你，你就能夠自覺高效落實工作，這是優秀員工之所以優秀、績效高的主要原因。所以，永遠不要把「要我落實」當作工作的主旨，高績效總是垂青那些「我要落實」的人。

那麼，作為員工，如何將思想上的積極主動落實到現實工作中呢？主要體現在以下幾個方面：

主動熟悉公司的一切

落實工作的基礎，是要先熟悉公司的一切。其主要包括公司目標、使命、組織結構、銷售方式、經營方針、工作作風等，主動把自己想像成老闆來了解公司，這樣有助於你在今後的工作落實中表現得更出色。

■提升自己的技能

如果你覺得自己工作態度足夠好，工作標準定得也足夠高，可工作成績依然不盡如人意，那麼你要看看自己是否有足夠的技能，如果沒有，你要先把自身的功夫做足、做到。提升技能的方式包括：進修、學習、找一位優秀人士來指導自己等。有了基本功可以增強你的自信心，使你敢於承擔責任。

■別讓自己閒下來

工作中再順利也不要讓自己閒下來，主動找點事做，你就能更加完善自己，從工作中提高自己的落實力。優秀的員工每當完成一項工作時，總會反問自己：是否所有的目標都已達到？還有什麼專案需要加上去？總之，在任何閒暇的時候，自己都應該主動積極思考，這樣才能爭取到更多的機會，從而不斷豐富自己的經驗和提高能力。

■主動承擔工作以外的責任

一個優秀的員工所表現出來的主動性，不僅僅是能堅持自己的想法或做法，並主動完成它，還應該主動承擔自己工作以外的責任。

■主動提建議

世界上沒有完美的人，或許你的老闆或同事的某種處事方式效率不高，但他本人並未察覺或不知如何改進。這時候，如果你有好的建議，就應該主動提出來。如果能提出合理化的建議，在為自己贏得好人緣的同時，還有利於同事間的合作，提高工作效率，增強工作落實力。

想要成為一名優秀的員工，在注重打造主動精神的同時，還要一直堅持良好的習慣，因為積極主動習慣的養成和效果的發揮不是一蹴而就的事，它必須貫穿於每項工作的始終，貫穿於一個人從平凡到優秀的全部過程。

更重要的是，積極主動是保持落實力和優秀本色的關鍵要素。對待工作，要以一個母親對待孩子般那樣的責任心和愛心去投入，並且不斷努力。果真如此，便沒有什麼目標不能達到了。

【落實箴言】

對待工作，要以一個母親對待孩子般那樣的責任心和愛心去投入，並且不斷努力。果真如此，便沒有什麼目標不能達到了。

第四章 忙可以，但絕不能「盲」

將「讓我執行」轉化為「我要進行」

第四章　忙可以，但絕不能「盲」

給自己定位

俗話說：一個人擺錯了位置就永遠是庸才。在人生的這場旅途中，很多時候，我們彷彿鬱鬱獨行於迷茫之中，找不到自己位置，也找不到何處是展現自己才華的舞台，以至於把自己當成一個無用之人，自暴自棄，荒廢了自己的才能。

尤其是在職場上，我們更應該找到合適自己的位置，無論什麼工作都不重要，重要的是適不適合自己。因為這一份是否合適的工作關係著未來成就事業的大小。也只有把全部精力放在適合自己的工作上，才能有所收穫。倘若一個人一時心血來潮，偏要在自己不擅長的領域一試身手，而自己在這件事上又沒有足夠的能力，那麼，自然不會有什麼好結果。

冬天，那座害怕寒冷的城市，瑟縮著，天空陰霾，致使整座城市都便成了灰色，像是披著一件碩大的風衣，在風中冽冽作響。和這座城市身體著同樣顏色的是一位乞丐，渾身髒兮兮的，長髮虬髯，由於長時間沒梳洗的緣故，頭髮和鬍鬚都結到了一起。他胸前掛著一個包包，包包裡裝著一捆捆鋼筆，沿街推銷。這是他生存的唯一依憑，它們能換來食物和水。

路上行人見到乞丐多數躲避，還不斷回頭張望著他。這時，一個中年男人走到他身邊，向乞丐的包裡放了十元，便頭也不回走了。

過了一會，那個中年男子便急急忙忙返回來了，四處不斷張望，似乎是在找什麼人。但他駐足不到一分鐘，便又順路急步而去。

終於看到了他，原來是他剛剛施捨過的乞丐。

「嘿，朋友，實在對不住，」中年人一臉愧疚對乞丐說，「我是回來取的鋼筆的。因為，我是一個商人，你也是。剛剛是給了錢，忘了拿筆，這對我們不公平。」說完，他長吁一口，像是完成了一個什麼任務，拿著鋼筆就走了，只留下那個乞丐愣在原地，喉結不斷上下滾動……

幾年後，中年商人參加了一個高級聚會。一位西裝革履的先生過來給他深深鞠躬，然後握住他的手哽咽說：「我就是當年您買我鋼筆的乞丐。這麼多年，我一直記著您對我說的話，不斷告訴我自己，我是一個商人，我不是乞丐，然後一步步走到了今天。」

當你給自己定位是一個乞丐，那你就是乞丐；當你給自己定位是一個商人，那你就是商人。可見對於一個人來說，以後是否會有更好的發展，定位是具有重要作用的。但反過來說，就算一個人給自己定位，若是定的不符合實際或沒有一個良好的心態，也是不容易取得成功的。

許多事業有成者，在成功之前都費了不少力氣才找到自己的人生定位。劉德華在未成名之前，為了生存，四處奔波做一些服務生的工作；王寶強未出名之前，曾是千萬北漂中的一員，做了多年的小演員；林肯未踏入政壇之前，做過街頭小販；趙本山還是東北的一個農民的時候，就有人嘲諷他說，光會耍嘴皮子。但是他硬是堅持了下來，成了著名的明星。

可見一個人要想取得成功，想要發揮出全部的潛能，就要積極去尋找適合自己的位置，因為，人生不給自己定位，就會被人定位。被別人利用，為別人創造利益，是一種價值的體現，而自己給自己定位需要勇氣和自信。

威廉今年三十五歲，才華橫溢，在拿到會計學碩士學位後依舊努力工作，後來成為英國倫敦一家大公司的總會計師，收入豐厚。但是，威廉曾一度感到挫敗，成天憂心忡忡，無奈之下找到心理醫生接受心理諮商。在心理醫生那裡，威廉講述了自己的經歷。

他在九歲和十七歲時，有過兩次成功的經歷，第一次是推銷雜誌，發展到有好幾個朋友和他合夥一起做；第二次是和別人合夥建立了一家印刷廠，廠裡的業務由他專門負責，他做得非常成功，賺的錢足夠他大學幾年的花費了。

但後來，威廉遵從父親的建議，上大學開始學習會計學。威廉是靠做推銷和經營賺來的錢，完成學業拿到了碩士學位的。從學校畢業後，他就被倫敦這家大公司錄用，在公司裡從小職員一直做到總會計師的位置。然而，這一切並不像表面看起來那麼順利，他的工作經常被人指責，工作上出現失誤的次數也越來越多，常常有人議論他不適任總會計師的工作。威廉過得十分壓抑，他只有在一週結束時才感到心情愉快。這樣的情況一直持續著，最後，他的老闆、同事對他的工作越來越不滿意，就連他自己也對自己越來越沒信心了。

心理醫生在聽完威廉的陳述後，知道了癥結所在，於是幫助他解開心結：「實際上，你不適合從事總會計師的職位，因為雖然你獲得了碩士學位，但你的興趣並不在此，其實作為公司的一名普通會計人員你還可以勝任，至於總會計師一職則超出了你的能力範圍。」

透過心理醫生的解釋和分析，威廉終於想通了。後來，他主動向公司請求辭去總會計師一職，轉到公司銷售部。就這樣，這家企業失去了一個名不副實的總會計師，卻得到了一個樂此不疲且富有經驗與成效的銷售管理人員。

從威廉的事件，我們也可以得到這樣一個啟示：找對自己的位置，永遠也不要做你自己無法勝任的事，否則，首先是害了你自己，你將變得不快樂且憂心忡忡，因為你做的都是你所無法完成或最多也只能勉強完成的事，而且你也傷害了委託你、信任你辦事的人，對工作來說，這更是一種損失。

在工作中，我們應該要求自己不斷上進、努力奮鬥、勇敢打拼，但一個人的體力、智力、適應力和領悟力，都不是無限的，而是有一定的範圍和限度。一個人不可能在每件事上都一路領先，永遠勝過其他人。也就是我們必須承認，在這個世界上，還有很多事情是我們無法辦到的，對於那些事情則不要勉強自己去做，否則就會害人害己。

當你不具備完成某件事的能力和條件的時候，就要清醒面對現實，對一切事情量力而行、盡力而為。只有這樣，我們才能夠最大限度緩解自己的壓力，減輕心理負擔，從而更有效落實工作。

不過，給自己準確定位也不是一件容易的事。其實，人的一生，就是一個不斷尋找自己位置的過程：工作中的位置、生活中的位置、學校中的位置、社會中的位置、家庭中的位置……如今的合適位置並不代表永遠合適。

因此，每個人都要根據自己的實際情況，來選擇最適合自己的行業和職業，從而找到最利於自己發揮優勢的舞台，這樣才能出色落實工作，使自己走向成功。

【落實箴言】

只有給自己找對位置，做自己力所能及的事情，才能真正發揮出自己的能力，高效落實工作。

落實要講品質

落實工作時，有一點必須牢記：落實工作要認真，不能馬虎，必須提高工作的品質。在現實生活中，常常有很多這樣的人，無論是在生活上還是在工作中，表面看起來是做了很多工作，可是卻沒有一項工作是合格的。

在工作的過程中，品質對員工和公司的重要性不言而喻，公司不斷發展壯大，需要員工的工作品質，員工要想證明自己的能力，也需要透過工作的品質。若是工作沒有品質，一切都免談。

田娜無論如何也想不明白，自己工作這幾年來，不論在那個公司、做什麼工作，每到年考核的時候，自己總是毫無例外的成為被炒魷魚的倒楣鬼。而高娜和自己是同時進入公司的，學歷也不相上下，而她的工作業績一直保持著直線上升，在新的一年裡，極有可能獲得升官。

回想這一年的工作經歷，田娜有些不堪回首，整整一年，她既沒能拉到什麼大客戶，也沒為公司創造出什麼價值，這也許是由整個行業不景氣造成的吧。但這只能是安慰自己的話，人家高娜客戶資源極其豐富，整天忙得團團轉，不停的打電話和客戶談判。田娜真的不明白，高娜用一年時間是從哪裡找來那麼多的客戶。田娜雖然不能像高娜有豐富的客戶資源，但是她不斷告誡自己，不讓自己閒下來，很努力去尋找客戶資源，幸好，她還是有一定能力的，最終拿到了一大筆訂單。

即便是如此，田娜還是避免不了被解雇的命運。她找到了業務主管，希望主管能再給她一個機會，她覺得主管並不是那麼不通情達理之人。主管正在辦公室，田娜輕輕敲門進去。在她剛要開口說話之際，主管的電話響了，他接起來一看是公司總部打來的，通話的聲音很大，田娜清楚聽到了公司總部向主管下達解雇自己命令。主管極力向對方解釋：「她工作一直很努力，也很有上進心，請再給她一次機會。」對方沉默了一會，然後說道：「我們也相信她人不錯，但是你別忘了，公司不是人好就可以了，她必須像其他員工一樣，用工作的品質和業績來證明自己的確優秀。」

話都說到這個份上了，田娜還能說什麼呢?只能默默離開了。

在這個以業績說話的競爭時代，沒有拿出一定的業績，或者不能完成本分的工作，是沒有資格要求公司給予回饋的，而且這種人也在公司考慮辭退的範圍內。

可見，工作品質是落實的生命，而「按品質、按數量完成工作」則是員工的工作標準，每個員工都應將這個標準銘刻於心。只有這樣，員工不論接到什麼工作任務，都會自覺首先按品質、按數量來進行規劃，然後有步驟去落實，保證任務的完成。

很多年前，有位年輕人來到一家著名的酒店當服務員。這是他初入社會的第一份工作，因此他非常激動，曾暗下決心：一定要做出個樣子來，不辜負父母的期望。

但是出人意料的是，在新人受訓期間，主管竟然安排他去洗馬桶，而且要求他必須把馬桶洗得光潔如新！年輕人面對馬桶，心灰意冷。此時，他面前出現了同部門的一位前輩。

這位前輩什麼話也沒說，只是親自洗馬桶給他看。等到馬桶洗乾淨了，這位前輩做出一件讓人想都不敢想的事：她從馬桶裡盛了一杯水，當著他的面一飲而盡！

這位前輩用實際行動告訴年輕人一個事實：經她洗過的馬桶，不僅外表光潔如新，裡面的水也是乾乾淨淨的。年輕人心想，既然前輩能把工作做到如此地步，而自己為什麼就不能呢？從此他便安心洗馬桶，而且絕對保證工作品質，他也可以像那位前輩一樣當著別人的面，從自己洗過的馬桶裡盛一杯水，眉頭不皺一口喝下去。

後來，這位年輕人成了世界旅館業大王。他就是康拉德．N．希爾頓。

洗馬桶洗到裡面的水能喝的程度，追求的就是工作品質。作為一名員工，無論從事什麼樣的工作，都應該有這種擦馬桶的精神，一定要追求工作品質。追求工作品質，就要避免敷衍了事的態度。敷衍了事，是一些員工常犯的毛病。他們做一天和尚撞一天鐘，對於上級交辦的工作，從來不認真去做，只做一些表面文章來應付，更別說工作品質了。

與其這樣，還不如直接拒絕落實工作呢！因為，如果員工拒絕落實工作，領導者會重新安排其他人員來替代他的工作。但員工如果接受了任務而敷衍了事，則會使領導者遭受蒙蔽，並最終使工作不能有效落實。可想而知，這樣的員工能有所發展嗎？能贏得主管的賞識嗎？答案當然是否定的。

那麼，如何才能「按品質、按數量」完成工作呢？追求工作品質，就要克服馬虎草率的毛病。有的員工不能很好落實工作，並不是他不想去落實，而是他有馬虎草率的毛病。做事馬馬虎虎不認真，處理問題草率大意不慎重，這是工作中的大忌。有時一個稍微馬虎草率的毛病，就有可能會導致災難，釀成大禍。

總之，我們在工作中，一定要有高度的工作品質意識。不僅要落實工作，而且要認真落實好，保證不出問題，保證不反彈，這才是有效的落實。

【落實箴言】
工作品質是落實的生命，「按品質、按數量完成工作」是員工落實工作的標準。

落實，從溝通開始

透過溝通，能找到工作中存在的問題，並透過切實有效的方法來找到問題的答案，從而高品質落實工作。可見，溝通是落實能力提升的基礎。

事實上，落實工作的過程也是溝通的過程，因此，對員工來說，工作中必須具備良好的溝通能力。在現代企業中，無論是員工與老闆之間，還是員工與員工之間，或者是員工與客戶之間都需要進行有效溝通。每一名員工，都應積極與他人進行溝通，特別是要經常同自己的上級和老闆進行溝通，以保證工作的落實。企業中的關鍵人物就是上級和老闆，如果你無論怎樣努力，最後都無法使工作得以落實，那麼，你在這個企業裡的發展就令人擔憂了。

不善於溝通，是無法做好工作的。根據統計，現代工作中的障礙一半以上都是由於溝通不足而產生的。一個不善於與老闆溝通的員工，是不可能做好工作的。如今每個企業，都可以說是人才輩出、高手雲集，在這樣的環境中，信守「沉默是金」者是不會有任何發展的。

話雖然沒錯，但是在現實生活中，依然有很多人不敢主動與老闆溝通。事實上，如果你不能及時有效和老闆溝通，很多在落實過程中遇到的問題就得不到解決，出現的偏差或錯誤，也不會得到老闆的糾正，自然不會有什麼好結果。

有一個會計畢業的女孩，以筆試第一名的成績進入了一家大型的公司的財務部。這個女孩什麼都好，就是性格過於內向，和在財務部工作的同事從來不交流，總是一個人默默埋頭工作，上下班也是一個人獨來獨往。因為膽怯，不敢和同事交流，工作上遇到問題，也不向同事請教；有時候主管安排了工作任務，她任務不明確，也不詢問主管，只是按照自己的理解去做，結果總是和主管要求的標準相差甚遠。她工作態度雖然很認真，也有些工作業績，但就是得不到同事和主管的肯定。

公司主管比較珍惜她這個人才，見她在財務部不太順利，決定把她調到客服部。用意很明顯，就是想磨練的她的溝通能力。因為這個工作必須經常和客戶打交道，所以逼著她去與別人交流，希望能藉這個工作職務提高的她的溝通能力。

但遺憾的是，一次在與客戶的交流中，她還是因為溝通不善得罪了一個比較重要的客戶，辜負了公司對她的一番美意。而這個女孩也覺得為公司帶來了損失，也不好意思待在這家公司，只好主動辭了職，離開了這家公司。

從上述事例中，我們不難看出溝通的重要性。美國金融家阿爾伯特當年初入金融界時，他的一些同學已在金融界內擔任高職，都已成為老闆的心腹和得力助手。他們傳授阿爾伯特一個最重要的祕訣——千萬要肯跟老闆講話。案例中那個女孩雖然在別的方面表現很優秀，但正是因為不善於溝通，最終還是出了差錯，不僅給公司造成了損失，也把自己陷入了尷尬的境地。

所以，作為員工，溝通協作能力是非常重要的，它能夠讓自己更好領會主管的意圖和目標，從而在工作過程中更準確、更積極落實。

溝通的重要性已毋庸置疑，溝通的資訊是包羅萬象的，在溝通中，人與人之間可表達讚賞之情、不快之意，或提出自己的意見觀點。然而，有很多員工在團隊溝通過程中，都喜歡按照自己的工作方式來完成分內之事，對和自己無關的工作絲毫不關心；還有一些人，雖然有對待溝通的良好態度，卻沒有掌握正確的溝通方法。現在隨著科技的迅速發展和知識的日益膨脹，隨其產生的弊端也日益明顯。

因此，在工作中，一定要避免溝通的誤解，掌握溝通的技巧，從而保證工作得到有效的落實。在工作中，員工普遍存在的溝通誤解可簡單歸納為以下幾個方面：

■**認為「只要具有溝通意識，主動進行溝通就是水到渠成的事」**

在職場中，有很多特別自信、能力非常強、總是居高臨下的人，他們習慣扮演教師、權威、家長的角色，喜歡別人依賴自己。和這樣的人溝通會有一種壓迫感，因而阻礙溝通。實際上，即使最懂得溝通的人，也需要因人或環境的不同來改進自己的溝通風格和技巧。

認為「溝通就是尋求統一」

在現代企業中，很多人都習慣以自我為中心，當別人的觀點同自己不一致時，就會覺得別人在挑釁自己，這種想法是不正確的。事實上，溝通的目的並不是要證明誰對誰錯，也不是一場你輸我贏的遊戲，它的最終目的是要促進成員之間的良性溝通，從而使工作有秩序、有效率落實下去。

認為「每天的工作就是在溝通」

從表面上來看，我們每天都在溝通，它是一件非常簡單的事，就像呼吸空氣一樣自然。但是，這件事雖然是自然存在，可並不代表你已經將它做得很好。因為溝通是這樣的平凡，以致在工作中自然而然忽略了它的複雜性，也就不會承認自己缺乏這項重要的基本能力了。

■**認為「溝通就是說服別人」**

在團隊溝通中經常會出現這種情況：某人掌握整個談話過程，其他人只有做聽眾或服從的分。「溝通」一詞來源於「分享」這個拉丁詞彙，進行溝通時特別需要注意的問題是，溝通必須是互相分享、雙方互動的，要跳出自我立場而進入他人的心境。溝通目的是要了解他人，而不是要他人同意。因此，要避免走進「和自己說話」的陷阱，這樣的溝通才能有效。

■認為「技巧決定溝通是否成功」

這種類型的員工過於迷信溝通技巧。在溝通中非常重要的是要創造有利於交流的態度和動機，把心敞開，也就是通常所說的從心開始溝通。

學會溝通並不表示日後的人際關係就能暢通無阻，但是，有效的溝通可以使團隊成員坦誠合作，有人情味的分享，以人為本位，以人為關懷，在工作中享受自由、和諧和平等的工作氛圍。

其實，溝通有很多種方式，有透過表情的，有透過書面的，不過語言還是最慣用的方式。語言的清晰程度，語速的快慢，用詞的準確與否，說話的語氣神態等都會影響到溝通的效率。因此，溝通不是簡單表達和傾聽，溝通不僅要做到完好表達意思和情感，還需要做到能挖掘人們潛藏的意識並完美回復能引起共鳴的資訊。

雖然溝通並不如想像中那麼簡單，但也不難實現。溝通的最高指導原則就是：沒有溝通不了的事。當一個團隊的所有成員，都具備愛心、誠心與耐心的時候，具備百折不撓的溝通精神時，團隊成員間才能利益共用、團結共榮，團隊也才能呈現最佳的發展狀態，從而保證工作的有效落實。

【落實箴言】

工作的過程實質上就是溝通，沒有溝通，就不能很好落實工作。

協作是最大利益值的保證

在很多情況下，要把一件工作落實到位，光靠一個人的努力是不夠的，還需要團隊的配合，即所謂的合作，它是提高工作效率最有效的手段，也是現代企業發展與員工落實工作的必要途徑。

遠古時代，上帝在地球上撒了一些有生命的種子，創造出了人類，並教會了他們如何繁衍後代。隨著人類無休止的繁衍，致使人口劇增，上帝就開始擔心人類會因為不團結，會爆發戰爭，手足相殘，塗炭生靈。

為了檢驗人類之間有沒有團結協作、互相幫助的品質，上帝就想了一個考驗人類的辦法：他把人類分成了兩批，每批人面前都放滿了精美的食物，然後給每個人發了一雙很長的筷子，要求以最快的速度吃完所有的食物，並不能有任何浪費。

上帝一聲令下，第一批人為了能吃到更多的食物，拼命用筷子夾著食物往嘴裡送，但是因為筷子太長，總是送不到嘴裡，而且還因為你爭我搶，最後誰也沒吃到多少，反而弄得到處是狼藉，上帝看到這種情形，不由歎了口氣，傷心不已。

第二批人開始吃的時候，並沒有爭搶，而是大家圍坐成一個圈，然後用自己手中筷子夾起食物送到對面人的嘴裡，然後等著對面的人夾起食物送到自己嘴裡，就這樣，大家吃的不亦樂乎，沒浪費一點食物，而且氣氛很融洽。上帝看到這種情形，滿意點了點頭，似乎看到了希望。

這個故事告訴我們，從這個世界上有人類的那天起，就必須透過協作的手段去生活和生存。也只有透過協作，依靠群體的力量，才能發揮出最大能量，產生1+1>2的效果。而在商場之中，更是存在著大量「共生」、「共贏」的關係。任何一個落實者都懂得利用合作的關係，幫助自己渡過難關。他們把自己與同事協作看成是一種力量優勢，他們懂得合作的力量。

索尼是世界產業界聞名遐邇的一個公司，其創始人井深大與盛田昭夫在長達五十一年的時間內，共同經營索尼。他們的合作無懈可擊，在公司的很多重大決策上，井深大堅定站在盛田昭夫一邊，把公司營運完全交託於盛田昭夫，自己則專注於技術研究；而盛田昭夫更多以井深大為支柱和精神上的依託，無論有什麼想法，他都會與井深大交流，在井深大那裡獲得驗證，把井深大當作他面對外部世界的力量源泉。他們從青年時期一起走過困境，步入輝煌，進入垂暮，甚至到中風失去說話能力的時候，井深大與盛田昭夫都始終相互沉醉於彼此的高度默契之中。

尺有所短，寸有所長。隨著現代企業的不斷發展，社會分工也越來越精細，每個員工都不可能成為百科全書式的人物，必須借助他人的智慧來完成自己人生的超越，因此，合作才有利於「雙贏」。

某公司要招聘一個行銷總監，前來應聘的人很多，經過層層篩選，最後有三位優秀者脫穎而出，也就是說只剩他們三個人有資格來競爭這個職位。

為了測試誰更適合擔任這個角色，公司給他們出了一道考題：請三個競爭對手到果園裡摘水果。

這三位競爭者一個個子高大，一個伸手敏捷，還有一個個子矮小，在正常看來，前兩個人最有可能成功，可是恰恰相反，最後卻是那個個子矮小的人獲勝。這究竟是什麼原因呢？

原來，這道考題是經過精心設計的，競爭者要摘的水果都在很高的位置，而且樹梢上的水果最多。身手敏捷的人，儘管可以爬到樹上去，但是樹梢的一部分，他就夠不著了，個子高的人，儘管一伸手就能摘到一些果子，但是畢竟有限。而那位個子矮小的應聘者意識到這次招聘非比尋常，或許個個是考官，或許處處是考場，所以他在剛進果園時，就非常熱情和管理果園的老人家打了招呼。他十分謙虛請教老人家樹梢上的那些水果平常是怎樣摘下來的。老人家告訴他借助梯子。於是，他就提出向老人家借，老人家非常爽快答應了。

這位個子矮小的人有了梯子，摘起水果來自然很輕鬆。必然，他摘的水果比那兩個人都多。因此，他成了最後的勝利者，獲得總監的職位。

從這個故事中，我們可以看出，主考官考的是團隊精神中一項重要的內容——透過對他人的關心和支持，培養贏得別人幫助和協作的能力。

我們生活在一個合作的時代，合作已成為人類生存的手段。個人英雄主義的時代已經成為過去，一個人如果只知道自己工作，平常獨來獨往，在當今時代想要獲得成功是一件很難的事。因此，要想很好落實工作，一個人的能力已經不再占主導地位，各成員間的團結協作才是最重要的。團結合作，能夠使我們從別人那裡學習到對自己很多有用的東西，使自己更快提升。在團隊合作中，應該做到以下幾點：

善於交流

在一個辦公室工作，和同事之間肯定會存在某些差別，如知識、能力、經歷等，從而造成在對待和處理工作時會產生不同的意見。這時就需要協調，交流是協調的開始，要把自己的想法說出來，還要傾聽對方的想法，你要經常說這樣一句話：「你看這事怎麼辦，我想聽聽你的想法。」

■**積極樂觀**

當遇上非常麻煩的事時要樂觀面對，你要對你的同伴說：「我們是最優秀的，任何困難都難不倒我們，我們會成功的。」

■**創造能力**

誰都知道一加一等於二，但你應該讓它大於二。培養自己的創造能力，不要只安於現狀，試著發掘自己的潛力。一個表現突出的人，除了能保持與人合作以外，還需要有人願意與你合作。

■**接受批評**

把同事和夥伴當成你的朋友，坦然接受別人的批評。如果一受到他人的批評你就暴跳如雷，那麼誰都會對你敬而遠之的。

■**平等友善**

即使你覺得自己無論在哪個方面都很優秀，即使你對於眼前的工作覺得完全憑自己一個人的力量就可以解決，也不要顯得太張狂。要知道今天能獨立完成工作，不代表以後也能獨自完成一切。所以還是友善些，平等對待他人為好。

從以上幾點不難看出，一個團隊、一個群體、對一個人的影響十分巨大。善於合作、有優秀團隊意識的員工，整個團隊也能帶給他無窮的利益。

因此，對於一名員工而言，只有建立一個目標一致、分工明確、組織有序的團隊，才能透過資訊共用和資源分享，高品質完成自己的工作；只有充分發揮團隊成員的合作力量，才能面對急劇變化的環境及日趨激烈的競爭。一個重視團隊精神的員工，才有可能在激烈的市場競爭中獲取勝利。

否則，落實工作將是一個難題。總之，對於任何一名員工來說，當你透過在團隊中與同事間的精誠合作，將個人獨特的優勢在工作中淋漓盡致展現出來，你便會把工作落實到位，最終贏得主管的賞識，擁有自己事業上的成功。

【落實箴言】

在這個需要合作的時代，作為員工，要珍視身邊合作的機會，珍惜身邊每個有可能合作的人。

成功落實需要強大專注力

專注於某一件事，哪怕它很小，努力做到最好，總會有不尋常的收穫。對工作而言，同樣如此，專注於自己的工作，才能落實成功。

美國成功學大師拿破崙．希爾曾經把專注比喻為人生成功的「神奇之鑰」。美國政治家亨利．克萊曾經也說過：「遇到重要的事情，我不知道別人會有什麼反應，但我每次都會全身心投入其中，根本不會去注意身外的世界。那一時刻，時間、環境、周圍的人，我都感覺不到他們的存在。」

一個人有一個手錶，可以知道時間，而擁有兩個或者兩個以上的手錶，反而無法確定是幾點。太多的手錶反而不能告訴人們準確的時間，而且還會讓看錶的人失去對準確時間的信心，這就是著名的「手錶定律」。它給了我們一個非常直觀的啟發：我們的精力不允許我們過度分散。分散的話就必然會導致效率的降低以及落實的延誤。

《拿破崙．希爾成功學全書》裡有這麼一個故事：

多年以前，健怡可口可樂了贊助了一次運動比賽。不論是在賽場上還是記者的照相機上和運動員的衣服，到處都是健怡可口可樂的醒目商標。

在比賽開始前夕，站在主席台上的榮譽總裁迪克．比格斯親自致開幕詞：「我們非常歡迎各位來參加比賽，同時特別感謝這次賽事的贊助商健怡百事可樂。」

坐在台上可口可樂公司代表一聽居然能把「可口可樂」錯念成「百事可樂」，十分生氣，大聲抗議：「白痴，錯了，是可口可樂！」

下面眾多的參賽者和觀眾跟著起鬨，當時，站在台上的比格斯感到大腦一片空白，羞愧得恨不得找一個地洞鑽進去。他說：「我知道應該說可口可樂，但是當時我注意力不集中，結果出了差錯，鬧出了笑話，給人們留下笑柄，也讓可口可樂公司對我產生了不滿。這是一個值得我永遠銘記的日子，也就是今天讓我知道了專注的重要性。」

這個故事給我們啟示是，一個人在工作的時候，不能專注投入，即使是再容易做的工作也會出現差錯。說到專注，還有一個我們非常熟悉的故事，或許能引發我們一些思考。

夏日炎炎的一天，空氣沉悶，萬物低沉。孔子帶領著一幫學生去楚國講學。他們一行走進一片樹林的時候，高大茂密的樹葉立即為他們遮住擋住了毒辣太陽的炙烤，陽光從樹葉間的縫隙中投在地上，星星點點，透著清涼。孔子的學生再也堅持不住了，紛紛要求孔子休息一會。孔子也順著大樹坐了下來，聽著頭頂上不停傳來禪的聒噪，似乎也在控訴天氣太熱。

這時候，看見從遠處走來一位捕蟬的老者，他手中的竹竿像是有了魔力似的，手起杆落，沒有一隻蟬能逃得掉，看老者的捕蟬的姿態，像是從地上撿東西一樣輕鬆自如。

「您的捕蟬技術真是出神入化。」孔子十分恭敬對老者表示讚許後問：「想必您捕蟬一定有什麼妙招吧？」

「捕蟬肯定需要方法和技巧，」捕蟬老者聽了孔子的稱讚後，不由話多了起來，開始悉心傳授孔子捕蟬的方法：「要捕蟬必須學會站功和練好臂力。捕蟬的時候，身體站在那，要像一棵樹那樣絲毫不能動，伸出竹竿的胳膊要像大樹控制樹枝一樣不能顫抖。除此之外，人的必須集中所有的精力，心中排除外界的一切影響，留下的只是蟬的翅膀，所以我能專心致志，全神貫注、人我合一。人要是能達到這種境界，再去捕蟬，那還不是易如反掌的事情？」

大家聽完老者的捕蟬經驗，都連聲感歎不已。孔子這時候對身邊的學生們說：「專心致志，全神貫注，才能人我合一，得心應手。這不僅是捕蟬的技巧，更是做人的道理啊！」

這個老者捕蟬的故事告訴我們這樣一個道理：能以一個專心致志的態度去工作，就一定能完成工作，獲得成功。

所以，在你著手進行某項工作的時候，一定要全身心投入、沉浸其中，千萬不能朝三暮四、三心二意，要知道，心不在焉是落實最大的敵人。如果你在工作的時候，能做到忘我的程度，同樣會像那位捕蟬的老者一樣，心中只有剩下蟬的翅膀，那麼，你一定也能體會到工作的樂趣，克服種種困難，超越無數人，達到一個新境界，並得到豐厚的回報。

那麼，作為員工怎樣才能做到專注於自己的工作呢？

處理事情要有次序

其實，並不是所有具有拖延習慣的人都是不負責任、工作懶散的人，恰恰相反，在這些人中有相當一部分人做事勤懇賣力，但效率很低。究其原因，主要是因為他們對自己所做的事缺乏全面計畫性，做事不分輕重緩急。倘若能夠合理調配時間、分清主次，就會在有限的時間內完成更多的任務。

■一次只做一件事

在激烈的競爭中，如果你能向一個目標集中注意力，落實工作的機會也將大大增加。因此，在工作中，要一次只做一件事，並全身心投入到這件事之中，把它落實到位，這樣心裡才不會感到筋疲力盡。對自己已經決定的事專心去做，放棄其他所有無關的事。

■培養自我控制的能力

每個人都兼具理性和感性，對所有的事都用理智來衡量是不可能的，並且大部分行為都是以感情為出發點，這是人性真實的一面。經常因為別人的一句話，便耿耿於懷，動輒勃然大怒，根本無法控制自己，但等情緒過後又悔不當初，這是許多人的通病。

很多在工作中失敗的人就是因為在某方面具有致命的弱點和缺陷，這樣的人，一定要培養自我控制能力，克服浮躁的情緒。對於自己的不足和缺點要時常想到，既要自我崇尚、有信心，又要自我檢查、隨時修正，不斷自我完善自我提高。只有能自我克制的人，才能不被外界環境所影響，才能真正做到專心致志，專注於目標。

■排除次要事物

在實際工作中，我們在努力向自己的目標靠近的時候，總會被各種各樣的事情所干擾，比如來自經濟方面、家庭方面等因素，這些因素就是對你把握重要事物能力的考驗。如果你因為這些次要事物而停止前進的腳步，甚至因此而偏離了目標的方向，那麼，最後你只會離成功越來越遠。

德國著名作家歌德曾經說過：「重要之事絕不可受到芝麻綠豆小事的牽絆。」可見，身為員工，要想工作有效率，就要專注於當前要務，排除那些次要事物的牽絆，這樣，在行動過程中，才能容易把工作落實好。

■培訓集中注意力的能力

想要成為一名落實型員工，就絕不能把精力同時集中在幾件事上，只能關注其中之一。也就是說，不能因為從事並不迫切的事情而分散自己的精力。為了落實工作，必須遠離那些使你分散注意力的事情，集中精力選準主攻目標，專心致志向你的目標努力，這樣才能更容易取得成功。

總之，一個人要把工作落實到位，就必須心無旁騖、全神貫注於自己的工作，專注自己的人生目標，這樣才會成為最優秀的員工，才會在的人生道路上順利前行。

【落實箴言】

一次只做一件事，並全身心投入到這件事之中，把它落實到位，這樣心裡才不會感到筋疲力盡！

有效落實需要轉化思維方式

在工作中，有許多員工抱著堅守崗位的態度，一切因循守舊，缺少創新精神，認為創新是老闆、主管的事，與自己無關，自己只要把分內的工作做好即可。可是這樣真的能把分內工作做好嗎？真的能將公司下達的任務有效落實嗎？答案是否定的。因為只有那些有無限創意的人才能提出革新性的建議，業績才會不斷創新，工作才能落實。

在最具實力的世界五百強企業中，由於每家公司所從事的工作特點和領域不同，在招聘員工時側重點也自然不同。然而，即使是這樣，每家公司在對新員工進行考核時，有一點是不謀而合的，那就是都喜歡聘用擁有無限創意的人。

那麼，創意究竟是什麼？簡而言之，創意就是要有創新，要勇於打破常規，打破思維定式。

美國通用公司要招聘業務經理，前來應聘的人都很有實力。其中有三個人在眾多應聘者當中表現得非常突出，一個是博士A，一個是碩士B，一個是剛走出大學校門的畢業生C。公司給這三人出了這樣一道考題：從前有個商人出門送貨，恰巧趕上下雨天，因為到目的地要走過一大段山路，於是商人就去牲口棚挑了一匹馬和一頭驢上路。泥濘的路非常難走，驢不堪勞累，就央求馬替牠馱一些貨物，可馬不願意幫忙，最後驢終於因為體力不支而死。商人只得將驢背上的貨物移到馬身上，馬這時感到有些後悔。

一人一馬就這樣又走了一段路程，馬因為實在吃不消背上的重量，就央求主人替牠分擔一些貨物，而主人此時還在為驢的死而生氣：「如果你當初替驢分擔一點，就不會這麼累了，活該！」沒過多久，馬也因體力不支累死在路上，商人只好自己背著貨物去買主家。

現在應聘者需要回答的問題是：商人在途中應該怎樣才能讓牲口把貨物運往目的地。

博士A：減輕驢身上的貨物，分擔一些給馬，這樣就都不會被累死；

碩士B：應該把驢身上的貨物卸下一部分讓馬來背，再卸下一部分自己來背；

畢業生C：下雨天路很滑，又是山路，所以根本就不應該用驢和馬，應該選用能吃苦且有力氣的騾子去馱貨物，商人根本就沒有想過這個問題，以致最後造成重大損失。

最後結果出來，畢業生C被通用公司聘為業務經理。原因是什麼呢？博士A和碩士B雖然有很高的學歷，但是，他們面對問題不能仔細思考，最終以失敗告終。雖然畢業生C沒有什麼傲人的文憑，但他思考問題不拘泥於原有的思維模式，靈活多變，善於用腦，所以成功屬於他。

畢業生C是一個非常有創意的人，好的創意也最終使他獲得業務經理一職。在通常情況下，人們總是習慣用常規的思維模式，因為它不僅省時而且省力。但是，你是否看到它不利的一面，它會具有束縛或妨礙的作用。它會讓你陷入思維的框架中，難以進行新的思維探索和嘗試。

因此，作為一個領導者，要學會鼓勵下屬打破常規，積極創新；作為一名員工，要不斷學習新知識，接受新事物，擺脫束縛思維的固有模式，主動為貢獻自己的一份力量。

一天，一家建築公司的一名員工手中提著一個籠子，籠子裡裝著兩隻小白鼠，找主管主管報銷買小白鼠的錢。主管一看，不明就裡，於是問其原因。

員工答道：「我們公司新建氣一棟辦公樓，需要安裝電線。我們要把電線穿過牆壁上的管道，這條管道長為三十公尺，直徑是三公分，並且轉了好幾個彎。到昨天為止，同事們還是沒有想到解決的辦法，最後我想到了一個好主意。我從商店買來兩隻小白鼠，一隻是公的，另一隻是母的。然後我把電線綁在公老鼠的身上，把牠塞到管道中，另一名同事把老鼠帶到管道另一端，並且讓牠叫出聲音來。公老鼠一聽到母老鼠的叫聲，就會順著管道去找牠，這樣，公老鼠就替代我們會拖著電線跑過整個管道。」

主管聽了員工的解釋，心中大為歡喜，並且深深喜歡上了這位愛動腦筋的員工。

從這個事例中，我們不難看出創新思維的價值。只有在落實工作中求創新，才會有所突破，才會真正將工作落實。每個企業老闆都喜歡能夠創新的員工，因為創新能力和創造力是企業落實工作的永恆動力。

總之，身處競爭激烈的時代，面對新的歷史使命和發展機遇，每個員工都要培養自己的創新觀念，並把創新意識注入工作當中，充分發揮自己的想像力和創造力，打破舊的思維及行為模式，走一條創新之路。這樣，才能極大提高工作落實能力，確保工作的落實，突破制約成功的「瓶頸」。

【落實箴言】

只有擁有無限創意的人才能提出革新性的問題，才能更有效落實工作。

第五章　高效落實是做事之本

落實要循序漸進

在實際工作中，每項工作都有輕重緩急之分，只有分清哪些是最重要的、哪些是不重要的，按次序去落實，工作才會變得井井有條，卓有成效。

一家公司向社會公開招聘一名高級女職員，由於條件待遇十分優厚，一時間應聘者雲集。經過幾番激烈的比拼，優勝劣汰，最後只剩下小靜、李慧、張佳繼續角逐這個職位。這三位女士都是國內各所高校畢業的佼佼者，又是各有千秋的美女，實力可謂是旗鼓相當。她們都在最後的一搏做著準備工作，希望自己是最後的贏家。

這天早上七點，三人提前到達了公司的人事部。人事部經理見了她們，點了點頭，然後給她們每人發了一件白色的外套和一個精緻漂亮的資料夾，然後開口說道：「三位小姐，請換上公司的制服，帶著資料夾，到董事長辦公室去面試。這是決定你們去留的面試，都要竭盡所能。」她們三人脫下了精心搭配的衣服，換上了公司的外套。這時，人事部經理又鄭重叮囑她們：「你們要注意兩個事情。第一，董事長非常注重儀表，而你們的制服上一個小汙點，雖然很小，但是很明顯，所以面對董事長的時候，怎麼處理這個汙點，將是本次面試的考題。第二，董事長接見你們的時間是七點二十分，也就說你們還有十分鐘的準備時間，十分鐘後，你們必須準時見到董事長，董事長不會喜歡一個不守時的員工的。好了，面試正式開始了。」

三個人立馬行動。

小靜馬上脫下制服，用手反覆揉搓那塊汙點，試圖將其清除掉，但是沒想到汙點越弄越大，白色的制服最終弄得髒兮兮的。小靜開始緊張起來了，小心翼翼問人事部經理能不能再為她換一套制服。人事部經理非常抱歉說：「如果我再給你一套新制服，就是對其他兩位面試者的不公平，而且，我認為，你沒有必要到董事長辦公室面試了。」小靜聽了，知道自己已經失去了繼續面試的資格，不由的哭了起來。

與此同時，李慧的大腦飛快運轉著，她想若是去掉這塊汙點，最好的辦法還是用水洗。想到這，他直奔洗手間，擰開水龍頭，開始清洗那塊汙點。很快，汙點雖然清洗掉了，但是新的麻煩卻來了，衣服為此濕了一大片。但是，李慧也不笨，看到了牆壁上的烘乾器，於是，打開了烘乾器，快速烘烤著衣服。烤了一會兒，她突然想起了面試的時間，一看時間馬上就到了。李慧立馬停止了烘烤衣服，快速跑向董事長辦公室。

到了董事長辦公室門前，李慧一看時間，還好，七點十五分，沒有遲到。她低頭一看衣服的濕處，已經不那麼明顯了，要是不細細觀察，是絕對看不出來洗過。更何況堂堂一家公司的董事長肯定不會盯著一個女孩的衣服看吧?除非他是一個色狼。

李慧長吁了一口氣，平復了一下心情，正準備敲門，門卻開了，張佳走了出來，對她點頭微笑。李慧刻意看了一眼張佳的衣服，發現張佳的衣服上的那塊汙點依然十分明顯。李慧突然心中有了底，從容自信走進了辦公室，有禮貌說：「董事長好。」董事長坐在寬大的老闆椅上，微笑著盯著李慧衣服剛剛洗過的部位看，神情十分認真。李慧被盯得十分不自在。

董事長也覺察出李慧的尷尬，於是收回目光請她坐下，然後問她：「李慧小姐，假如我沒看走眼，你白色的制服有一塊是剛剛洗過了對嗎？」李慧有些疑惑看著董事長，心想：他是如何知道我用水洗過呢？董事長接著說：「這最後一輪的面試中，張佳表現最為出色，也就是說，公司決定聘用張佳擔任這個職務。」

李慧聽到這個結果感到十分震驚：「董事長，這對我不公平。據我所知，您是一位非常注重儀表的人，眼睛裡容不下一點汙點。但是我剛剛看到張佳衣服的汙點依然清晰可見。」

董事長聽了微微一笑說：「問題的關鍵是，從頭到尾張佳都沒讓我發現那致命的汙點，因為她一只用那精緻的資料夾優雅的擋在衣服上。」

李慧聽了，依然不解問：「董事長，我還是不明白，您為什麼選擇了懂得耍小聰明的張佳，而淘汰了我？公平一點來講，我應該和張佳平手。」

「不！」董事長果斷說，「脫穎而出的依然是張佳小姐，因為我們從這個在有限的時間的考試中，看到了她思路清晰，善於分清事情的主次關係，能抓住事情的本質，利用現有的條件，從容圓滿完成了任務。而這樣的人是絕對能圓滿完成工作任務的。你雖然也按時解決了問題，但是你卻是在手忙腳亂的情況下完成的，而沒能充分利用那本來就是用來解決問題的資料夾。假如我沒猜錯的話，你的資料夾依然在洗手間。」經董事長的提醒，李慧這才發現手中的資料夾早已不知去向。

這下，李慧才信服點了點頭。

其實，從你踏進公司大門的那一刻起，無論你是面試者還是一名員工，都要時刻保持一顆清醒的頭腦，為應急各種突發事件做好準備。就像案例中三位面試者，在同樣的時間，工作安排的順序不同，結果也會大相徑庭；同樣的人生，如果你不先處理與目標密切相關的要事，你的人生就會被一些瑣事或者次要事務占用。

在某種程度來看，其實工作也是一場面試，對於一名員工來說，在工作中是否能夠有次序去落實事情，做到有章法，不手忙腳亂，這些種種的行為主管不僅看到眼裡，而且也會影響自己。因為很多時候都要你去處理很多頭緒紛繁的工作，如果不能清晰排定工作次序，不但會影響到工作效率，還會影響工作的落實。

所以，我們要認清一點，工作雖然頭緒紛繁，但它們的分量是不等的，有輕有重，有緩有急。因此，我們要根據工作的實際情況，區分輕重緩急，排定科學次序，以便利用最佳時間做最重要的事情。

理查斯．舒瓦普是美國伯利恆鋼鐵公司總裁，如今已功成名就的他曾經常為自己和公司的低效率而憂慮，後來，他向著名的效率專家艾維．李尋求幫助，希望艾維．李能出售他一套思維方法，告訴他如何才能完成更多的工作，而且只需最少的時間。艾維．李說：「好吧！我幾分鐘之內就可以教你一套至少提高效率百分之五十的最佳方法。」

「現在，記下你明天必須做的最重要工作，按重要的程度編上號碼。最重要的排在首位，然後依此類推。早上一上班，立即從第一項工作做起，直做到完成為止。接著用同樣的方法對待第二項、第三項工作……直到你下班為止。就算花了一整天時間才完成第一項工作，也不要緊。只要它是你認為最重要的工作，就堅持做下去。往後每一天都按照這樣的次序做。在你對這套方法的價值深信不疑之後，再在公司推廣實行，讓你公司的每位職員都按照這樣的方法去做。這套方法你願意試多久就試多久，然後再給我寄張支票，並填上你認為合適的數字。」

舒瓦普覺得這個思維方式十分有效，於是，他很快就填了一張兩萬五千美元的支票給艾維．李。舒瓦普後來堅持使用艾維．李教給他的這套方法，五年之後，伯利恆鋼鐵公司從一個鮮為人知的小鋼鐵廠一躍成為世界第三大鋼鐵生產企業。舒瓦普曾經對朋友說：「我和整個團隊始終堅持最重要的事情先做，我認為這是我公司多年以來最有價值的一筆投資！」

從艾維．李的思維方法，我們能夠看出：作為現代企業的一名員工，不管做什麼工作，都要從全面的角度來進行規劃，將事情分出輕重緩急，將大目標分成若干個小目標，這樣才會提高工作的落實效率。事實證明，按照這樣的辦事次序是一個比較好的選擇：首先是重要且緊迫的事，接著是重要但不緊迫的事，然後是緊迫但不重要的事，最後是不緊迫也不重要的事。

另外，對於一名員工而言，精力旺盛的時間往往是有限的，因此，你必須把有限的時間用在最重要的事情上，也就是把最重要的事放在首位，這就要求先按照工作任務和責任，把各類事情按重要性排列，並按照輕重緩急的次序開始落實，而不要迷失在那些看似瑣碎、緊急、次要的事情當中。

只有如此，你才能高效率利用時間，成功的落實工作。

【落實箴言】

工作雖然頭緒紛繁，但它們的分量是不等的，有輕有重，有緩有急，只有按照清晰的次序落實，才能高效率完成工作。

貴行動，快落實

高效落實的根本在於立馬行動，各企業的落實文化也意在讓每位員工都成迅速落實的習慣。因此，我們沒有必要落於形式，成天大會小會不斷、寫文章造聲勢，而要想達到高效，唯有在落實上下工夫。

任何一個組織或團隊的佼佼者，他們永遠是說的少，做的多。他們深知，無論做什麼事情只有馬上行動，才能實現自己想要的結果，而只是一味誇誇其談是沒有什麼實際作用的。因為他們同樣明白，只有快速去落實工作，才有說服力，有了說服力，自然會有影響力，從而使整個團隊齊心協力，朝共同的目標前進。

所以任何組織或團隊中，不論是管理者，還是基層落實者，都要深刻意識到，只有立即付出的行動才能有所收穫。因此，在工作中應該杜絕「理論上的巨人，行動中的矮子」，確立目標和方向，調整心態，立馬行動，這樣才有落實的結果。

西元前二三三年的冬天，天寒地凍，滴水成冰。

貴行動，快落實

凌晨時分，夜尤未央，濃霧彌漫，空氣中特有的潮氣，像是一股澡堂子氣味，熟悉而又生。突然遠處傳來一陣吶喊，再細聽，更真切了，雄偉壯闊的吶喊透過寒夜和濕氣傳了過來，是出征前的宣誓。鎧甲、矛盾、長劍，一應俱全，透著不寒而慄的冰冷，再疊加上兵士一張張視死如歸的臉，預告著這將是一場惡戰。這是亞歷山大馬其頓再次出征的宣誓大會，他將帶領這千萬將士，揮師東指，直接打敗貌似強大的波斯帝國，將整個亞細亞收入囊中。

軍隊勢如破竹，很快他站在了維吉尼亞城牆上。從維吉尼亞城門長驅直入，對面是一座宙斯神廟的大門，神廟的神龕上供奉著由茱萸皮繩打成的複雜繩結。據說此繩具有神奇的力量，只要有人能將其解開，那麼，未來他會征服整個亞細亞王。幾百年來，許多慕名而來解繩者不計其數，可他們連繩頭都找不到，只好滿臉敬畏神色將其放歸原位。

亞歷山大帶著手下的大將徘徊於這個繩結前。這果然是一個極其複雜的繩結，盤錯糾纏、千頭萬緒，看著都讓人眼暈，更別說動手去解開了。亞歷山大的手下多半是一些征戰沙場多年的勇猛之士，塞琉古就是其中一人，他粗聲粗氣要求一試身手。

他原本就沒把這個繩結放在眼裡，他用那雙力大無比的手，左拉右拽，企圖用蠻力將其解開。結果繩結非但沒解開，反而變得更加複雜了，像一團亂糟糟的毛線團。塞琉古氣惱回到亞歷山大身邊。亞歷山大笑道：「塞琉古，雖然你作戰勇猛無敵，但是缺乏頭腦，像你這種解法，只怕是越解越亂啊。」

這時，亞歷山大最倚重的將軍托勒密躍躍欲試。托勒密是人們公認的最有智慧的將軍。只見他不慌不忙來到繩結前，先是觀察了很長時間，然後才開始動手解繩結。只見托勒密雙手上下紛飛，靈活多變的手法看的眾人目瞪口呆，人們相信託勒密解開繩結只是時間問題。但是事實並非如此，托勒密順利解開了塞琉古留下的死結，但現在繩結又恢復了原狀。托勒密望著繩結陷入了沉思，然後繼續解，但他很快就發現只要他解開一個結，又會憑空多出一個結。想了半天，托勒密依然毫無進展，只好訕訕站到亞歷山大身邊，承認自己沒能力解開。亞歷山大寬慰對他一笑。

最後，亞歷山大脫下戰甲交給身邊的人，親自上陣解繩子。他目不轉睛盯著繩結看了半天，也沒有動手。眾人以為連這位攻無不克戰無不勝的帝王也沒有辦法解開繩結。這時，亞歷山大突然起身，回手抽出一柄寶劍，「刷」的一聲劈開了這個百年來無人解開的繩結。

因此，在落實工作的過程中，我們要學會用自己的行動規則去解決事情，這樣才可能有結果，如果只把落實流於口頭上說說，是不可能得到落實的。

在落實過程中，我們必然會遇到很多困難和挫折。面對這些難題，我們的心裡肯定有很多想法，擔心自己經驗不足，不能完美落實；害怕失敗的後果自己承擔不起。但是，當真正面對這一切時候，我們絕對不能瞻前顧後，必須立馬行動。因為，我們要明白，除了結果之外，是沒有其他任何東西可以帶來真正的影響。馬上行動是獲得結果的前提。

在行動的過程中，往往是成敗參半，這是必然的。要想行動的目標得到最終的結果，就要樹立一個正確看待成敗的態度。既不沉溺在成功的喜悅裡不能自拔，造成後來行動的不力和盲目，也不要因為暫時的失敗就失去信心，半途而廢。尤其是處理失敗的時候，更要冷靜對待，正確處理，總結經驗，避免再次犯錯。

美國時間效率專家曾經這樣說：「面對任何任務，沒有不可能完成的，沒有特別可怕的，你需要的僅僅是開始做起來，這才是你最應該關注的。因為它將使你獲得先機與繼續行動的動力，而這樣『僅僅做起來』也最終將帶領你走向成功。」

所以，當我們已經確定某一行動方案的時候，首先要做的就是如何盡快開始落實，快速將自己的想法變成實際行動，這樣，我們想要的結果也會如期而至。

【落實箴言】

要想收穫工作結果，必須立馬行動；要想落實徹底，必須馬上行動。

好時機等於更高效

很多人一生都沒什麼建樹，這是因為他們一定要等到萬事俱備以後才去做，因而常常喪失很多解決問題的良機。其實，生活和工作中的機會無處不在，就看你能不能堅持、徹底落實下去。因為有時候，堅持就是最好的時機。

胡楊大學畢業之後，一直在一家設計公司工作。由於工作的原因，大家都必須有一個安靜的環境，所以，每個人都有屬於自己的辦公室。這樣一來，整個設計公司每天都是靜悄悄的，人們走路、說話都是輕聲細語的。

但是，胡楊性格開朗，習慣了熱鬧的生活，更渴望能和身邊的人同時交流。所以，他堅持每天把門敞開，希望有人來聊聊天。但是一週過去了，習慣關起門工作的同事沒有半個人來。儘管沒人來，胡楊還是堅持開著門，這樣，他心理上就不會那麼煩悶了。

一天，一位女同事主動找胡楊幫點忙。胡楊十分情願跟著她下樓，幫她把新到的一些工具搬上樓。這位女同事和胡楊並不熟，甚至連他的名字都不知道，只是見他辦公室門開著，就請他幫忙。

從此以後，願意走進胡楊辦公室的人越來越多。工作中需要有人幫忙的時候，人們第一個想起的就是胡楊，因為唯有他的門永遠開著的。儘管同事們讓胡楊做了很多額外的工作，但是胡楊依然十分樂意去接受。因為對於一個剛到公司工作的新人來說，最擔心的事情就是成天無所事事。

有一天，社長手裡拿著一份手寫稿急急忙忙走進胡楊的辦公室問道：「那個誰？你打字快嗎？我下午就要開會，需要列印一份資料。」很顯然社長對胡楊沒有多少印象，只是看到他辦公室門開著，自然就走了進來。胡楊感覺機會來了，迅速起身，簡單介紹了自己，並快速幫社長將那份手寫稿打字後列印出來。

從此，不僅有更多的同事來找胡楊幫忙，社長也常常讓他辦一些小事。一次，社長的祕書生病了，社長便讓胡楊放下手上的工作，跟他外出辦事。這次，胡楊又圓滿完成了社長的交辦的任務。

漸漸的，胡楊成了全公司最忙的人。無論院裡有什麼事，都能看到胡楊忙裡忙外的身影。而社長有一些更重要的事情，自然也交給胡楊來做。

年終的時候，公司裡要從眾人中挑選一位社長助理，胡楊以全票通過。在所有同事中，他早就是大家公認的，也是最適合的社長助理。

在職場中，我們的總是因為各種各樣的原因，塵封著自己內心，除了工作上的溝通之外，再無其他情感的交流。而實際上，封閉自己內心就等於關閉了一扇機會之門，時間越久，人也就變得越陰沉。所以要像胡楊一樣，堅持自我，馬上行動，打開心門，接納更多的人和事，為自己爭取到成功的機會。否則，永遠都只能遙遙無期等待。

沃斯特是一位美國女孩，她的父親是波士頓有名的外科整形醫生，母親是一所很有名的大學的教授。沃斯特從踏入大學校園那一刻起，就夢寐以求想成為一名電視節目主持人。她覺得自己具有這方面的才能，因為每當她和別人相處時，即便是陌生人也都願意親近她並和她長談。她知道怎樣從人家嘴裡「掏出心裡話」，她的朋友們稱她是他們的「親密的隨身精神醫生」。她自己常說：「只要電視台肯錄用我，我相信一定能成大事。」

只可惜，她只是空有這個理想而已，沒有真正為其落實。實際上，她的條件的確很優秀，完全可以透過自己的努力進入主持人的行列，但是，她一直在等待電視台親自錄用她做電視節目主持人。當然，肯定不會發生這樣的事，奇蹟永遠不可能出現，因為奇蹟從來不會青睞一個沒有任何行動和準備的人。

其實，在工作中，很多員工都是同沃斯特一樣等待奇蹟的人，他們希望得到高報酬，得到老闆賞識。想法固然是好的，但是，他們在實現這個期望的過程中，沒有將希望變成實際的行動去落實，對待工作馬馬虎虎，敷衍了事，遇到問題能避則避，或者是希望別人來解決，甚至是隱瞞問題，以此來逃避責任。試想，有哪個老闆會重用這樣的員工呢？

世界上永遠不存在絕對完美的事，「萬事俱備」只不過是「永遠不可能做到」的代名詞。一個落實型的員工是不會等待萬事俱備的時候再動手的。

提到可口可樂誰都知道，但是它那既美觀又實用且設計獨特的瓶子，不過應該沒幾個人知道是誰發明的了。

在幾十年前，美國一位叫魯特的年輕人設計發明了這種瓶子。當時，魯特只是一名普通的製瓶工廠工人，每天和心愛的女友約會是他最高興的事。

有一次，他和女友約會的時候，發現她的裙子很漂亮，這個裙子上部分較窄，腰部就顯得更有吸引力。他當時突然萌生一個想法，如果能把玻璃瓶設計成女友裙子那樣，一定會大受歡迎。這種想法雖然很簡單，但魯特並不只是想想而已。第二天，他就開始動手設計製作這樣的瓶子。在經過反覆的試驗和改進後，終於製成一種造型獨特的瓶子：握在瓶頸上時，沒有滑落的感覺；瓶子裡面裝滿液體，看起來比實際分量多很多，而且外觀別緻優美。

魯特看著自己的設計成果非常滿意，並且相信這樣的瓶子一定會很有市場，於是他為此申請了設計專利。讓人意想不到的是，當時可口可樂公司恰好看中他設計出來的瓶子，並以六百萬美元買下瓶子的專利。魯特因此從一名工人搖身變成了一位百萬富翁。魯特因為一時靈感而把想法具體落實，最後取得成功。

其實，我們每個人都有成功的機會，但大多數人只是空有想法，而不去立即落實。如果魯特沒有立即採取行動，靈感或許就會轉瞬即逝，那麼他就失去了成為百萬富翁的機會，很可能這一輩子就只是一名製作瓶子的工人。

威廉．詹姆斯說：「靈感的每一次閃爍和啟示，都讓它像氣體一樣溜掉而毫無蹤跡，這比喪失機遇還要糟糕，因為它在無形中阻斷了熱情噴發的正常管道。如此一來，人類將無法聚起一股堅定而快速應變的力量以對付周圍的突變。」

因此，成功的落實者應當秉持這樣一種工作理念：立即行動，不要等待萬事俱備。任何好的規劃和藍圖只有付諸行動，才能保證落實成功，從而提高工作效率。

很多員工今天的成就，不是事先規劃出來的，而是在落實中一步一步經過不斷調整和實踐累積出來的。規劃是紙上的，與實際總是有一定的距離，只有立即落實，規劃才不會成為白日夢。

【落實箴言】

作為一名員工，必須牢記一點：不要等待萬事俱備，而是要立即去做你想做你應該做的事。

用好每一天的時間

時間對於每個人來說都是有限的，要想在有限的時間內完成更多的工作，還要注重工作效率，這就要求有效利用一切時間來保證工作的落實。員工保持高效率的工作是每個企業都非常看重的一點，這也是每個員工必須具備的能力。

但是，在職場上並沒有多少人能真正做到高效率工作。工作效率低的人一般只有時間觀念，而沒有效率的觀念。要想使工作落實到位，我們不僅要考慮時間，還應該特別關注時間的使用效率。效率低是浪費時間，而效率高就等於是延長時間。下面的這則小故事就能說明每一天都會對我們的未來產生深遠的影響。

有一對雙胞胎姐妹，他們共同住在八十層樓的一個溫馨的套房裡。這姐妹倆都是資深的好友，也正是他們有共同的旅遊愛好，增加了她們之間的情誼，她們的關係一直很融洽。

有一天，姐妹倆外出旅遊歸來，發現大樓由於重新翻修一些設施停電了。這讓本來就疲憊不堪的姐妹倆惱怒不已，但她們背上沉重的包讓她們不得不做出選擇。姐姐對妹妹說：「那麼我們就爬樓梯上去吧，正好減減肥。」妹妹一想，覺得這個主意不錯，也欣然同意了。

但是當她們氣喘吁吁爬到二十樓的時候，由於背負過重，實在沒力氣再往上爬了。妹妹出了個主意說：「包包太重了，不如這樣吧，我們把包包先放在這，等電來了之後，搭電梯來拿。」

用好每一天的時間

姐姐一聽，也同意輕裝上陣。

在爬的過程中，姐姐還調侃妹妹在旅遊的時候，曾對一個帥哥產生了好感……但好景不常，爬到四十樓的時候，她們再也爬不動了。想到只爬了一半，還有四十層要爬，兩人停止了說笑，開始指責對方不注意大樓的停電公告，才會有如此下場。她們邊吵邊爬，爬到七十樓的時候，他們已經沒力氣再吵架了。這時候，姐姐對妹妹，「我們別吵了，一口氣爬完它吧。」終於，她們爬到了八十樓！興奮開門的時候，才發現鑰匙放在了二十樓的包包裡……

這個故事真實反映了我們的人生：二十歲之前，我們活在家長和朋友的期待下，背負了太多的責任和包袱，而自己也覺得歷練不夠，能力不足，所以步伐難免不穩健。二十歲之後，身邊的人不再給我們壓力，我們卸下了沉重的包袱，輕鬆上路，開始追尋自己的理想，就這樣二十年一晃而過。到了四十歲的時候，才驀然發現，青春不再，歎光陰飛逝，哀聲從口出，開始後悔這個、抱怨那個、惋惜這個、記恨那個……就這樣在感歎和抱怨中，我們已經步入暮年，雙眼昏花，臉紋如網，步履蹣跚，這時候雖然活明白了，但怎奈何人生已所剩無幾，只好告訴自己，別抱怨了，好好珍惜眼下的日子吧！於是，默默都走完了生命最後的旅程。在在生命的盡頭的時候，才發現自己浪費了一生的時間，所有的夢想依然滯留在二十歲的青春歲月，還沒來得及去實現……

一個失敗者總會認為浪費一兩個小時沒什麼大不了的，覺得今天做不完的事明天還可以繼續做，他們不會因為浪費時間而感到痛惜。而成功者的之所以能取得成功就是在於他們從來不肯浪費時間，他們總會以最快速度在固定時間內把所有的事情都做完。

巴爾札克是十九世紀法國偉大的批判主義作家、歐洲批判現實主義文學的奠基人和傑出代表。他一生創作九十六部長、中、短篇小說和隨筆，都收集在《人間喜劇》內。他的作品傳遍全世界，對世界文學的發展和人類進步產生了巨大影響，他本人被馬克思、恩格斯稱讚為「超群的小說家」、「現實主義大師」。這一切的成功都來源於他高效利用時間。

巴爾札克總是在午夜十二點從睡夢中醒來，點亮蠟燭，洗臉清醒一下，然後開始一天的工作。此時是一天裡最安靜的時刻，也是巴爾札克一天中心情最平靜、精力最充沛的時刻，不會有任何人打擾他，當別人都沉睡的時候，他卻進入了寫作的黃金時間。

白天的時間，巴爾札克用來處理日常事務，把寫完的稿件交給印刷廠的工人，然後再修改印刷廠送來的前幾天稿件清樣上的列印錯誤。下午的時間，他常常用來給朋友們寫信，探討自己在寫作中遇到的問題以及關於藝術的感受，或者會去查找資料，為午夜的寫作做一些準備。晚上八點，他準時躺下休息，為午夜寫作儲備精力。

數學家華羅庚曾說過：「成功的人無一不是利用時間的能手！」在工作中，有些人一生都沒有利用好時間，有的只是利用好了青春，有的只是利用了一生中的幾年，而成功的人則是利用好一切時間，因此他們能夠確保工作落實到位。

那麼，怎樣才能更好利用一切時間，把握好工作的每一分鐘呢？節約時間是最根本的原則。從時間中節約時間，用盡可能少的時間，去辦盡可能多的事，從而極大提高效率，保證落實。

作為一名員工，要養成充分利用一切時間去工作的習慣，需要做到以下幾點：

■不斷檢查時間的利用率

每天都要想一想：過去的一天完成了什麼任務？花了多少時間？有沒有浪費時間？時間利用率怎樣？效果如何？怎麼改進？……然後，不斷調整工作計畫，使時間利用率得到提高。

■不要讓時間空閒

許多員工都會抱怨每天上班通勤要花很多時間，那麼，不妨研究一下上班路線，選擇一條最短的路程，這樣就能夠盡早到達公司，開始準備一天的工作。平常等車時，可以聽段英文廣播或者其他學習類節目。如果路程很遠，在車上不要乾坐著等，利用起這些時間做些有實際意義的事。

合理安排時間表

合理利用時間可以有效提高工作效率，有助於工作落實。所以，在日常工作中，我們應該制訂一個簡單明瞭、既可行又適宜自己的待辦計畫表，這樣即使在很忙碌的狀態中隨意看幾眼，也可對計畫內容一目了然，明白接下來需要做什麼事，怎樣才能更合理安排時間、利用時間。

【落實箴言】

只有高效利用時間的人才能高效做事，只有高效做事才能確保工作的落實。

放眼目標，著手計畫

提高落實效率最基本的一條，就是要有目標和計畫。目標是解決去哪裡的問題，計畫是解決如何去的問題。只有做好這兩點，我們才能把工作做得出色。

目標是對於所期望成就事業的決心。很多人都無法保證工作的落實，其根本原因就在於他們從來沒有真正設定工作目標。

沒有目標就不可能成功。其實，每一個大公司都是從小公司發展起來的，在公司背後一般都有一個有理想、有熱情的領導者，在他心中懷有一個堅定的目標，從而把企業帶向成功的彼岸。

工作也同樣如此，作為一名員工，我們也應該計畫幾年以後的事。目標一旦設定，它就成為你努力的依據，也是對你的鞭策。

二十世紀初期，一個年輕人的名字開始被人們所熟知，因為他是美國歷史上第一個年薪超過百萬的施瓦伯。

生於美國鄉村的施瓦伯，從小家境貧窮，還未讀完中學就輟學，幫助父親在田裡做一些農活。十六歲那年，他又當起了馬車夫。兩年後的一天，他突然問自己：「難道自己就這樣平庸過一輩子嗎？」「不，」他暗暗告訴自己，「一定要有一番作為，改變自己的命運。」

於是他應聘到了鋼鐵大王卡內基名下的一家建築工地。從一踏進塵土飛揚的工地，他再一次發誓，一定要做同事中的佼佼者。當其他人成天謾罵抱怨工作辛苦，薪水太低的時候，施瓦伯卻默默揮汗如雨工作，並利用下班時間自學建築知識。

一個夏天的晚上，施瓦伯避開宿舍中酗酒的工人，像往常一樣，躲在一間庫房中翻看一本建築類的書。這本書先是被他翻得捲起毛邊，再後來就變成厚厚的一大本書，油光發亮，像一塊剛剛烘烤過的蛋糕。儘管如此，書中還是有幾個問題，弄糊塗了他，他一邊認真研讀，一邊做筆記。

這時候，巡視工地的經理走了進來，他發現了施瓦伯，拿起他手中的書，翻了幾頁；又仔細翻看了他的筆記本，看完之後，什麼也沒說，轉身就走了。

第二天，經理把施瓦伯叫到辦公室，問：「你學建築知識準備做什麼？」施瓦伯回答說：「我想公司並不缺少只懂得做體力的工人，公司需要的是既有豐富的工作經驗、又有專業知識的技術人員或管理人員，對嗎？」經理聽了，贊同點了點頭。

但是，還是有很多工人並不理解的施瓦伯的做法，認為一個工人做你的工作，賺你的錢，成天還抱著本書，能有什麼用。對此，施瓦伯說：「我在這工作，除了賺錢養活自己，我還自己的目標和理想打工。我們只能透過知識和業績來提升自己。我要讓自己所做的工作創造出的價值遠遠超過薪資，只有這樣這樣我才能有機會獲得重用！」

沒過多長時間，施瓦伯就被升任為技師。後來，施瓦伯按照自己設定的目標，一步步成為公司的總工程師。二十六歲那年，施瓦伯已經是這家建築公司的總經理了。按理說，這下他成為了一家公司最高領導人，應該滿足了吧？但是，施瓦伯並未到此就止步不前，他又有了更高的目標，並且為此不停努力奮鬥。果然，在他三十九歲時，他競選美國鋼鐵公司總經理這一職位，以全票的支持率當選了這個職務，年薪一百萬美元。而在當時，一個人如果在一個星期內，能賺五十美元就是一筆非常可觀的收入了。

施瓦伯能在建築工地，從最底層做起，一步步成為年薪一百萬美元的高級打工者，他的成功源於他心中有一個對未來的規劃和憧憬，和一個清晰的目標，僅此而已。

由此可見，如果一個人沒有目標和計畫，就只能在人生的旅途上徘徊，永遠無法上升到更高的境界。正如空氣對於生命一樣，目標和計畫對於成功也是非常必要的。如果沒有空氣，就沒有人類的生存；同理，如果沒有目標和計畫，就不會有工作的落實，不會有成功。

那麼，怎樣才能制訂合理的目標和計畫呢？應做好以下幾點：

■制訂工作目標

在工作上，一個最需關注的問題，就是如何確立目標。如果工作上沒有目標，就如同馬拉松賽跑沒有終點，提不起精神，沒有幹勁，也就無法提高工作效率，保證落實。不論你的工作條件或內容如何，在制訂目標的時候，都必須要遵守計量性、具體性、期限性的原則。在確立目標時，必須制訂具體計畫，也就是使用可以計量的數位予以表示，然後確定完成的具體期限。

在制訂長期目標時，首先要考慮三要素：階段性目標、措施目標、最終目標。階段性目標，是每一個階段要實現的短期規則；措施目標，即為完成階段性規劃的具體措施方案；最終目標，則是最終要達到的目的地。沒有目標就不能保證工作落實到位。作為一名員工，要養成制訂切實可行的目標，並力求速度快、高效率付諸實施的良好習慣。因此，為了切實完成工作，員工必須為確立目標、實現目標而不懈努力。如果能明確將目標劃分為長、中、短三階段，那麼實現目標就非常容易了。

■制訂工作計畫

當確立目標以後，還要有計畫，沒有計畫的落實，只會產生「浪費、忽高忽低、不合理」的渙散局面，消極的態度必定導致工作上的失誤。計畫是一門藝術，如果能夠按照計畫去進行落實，再困難的任務也能完成。制訂工作計畫也講究一定的方法，主要包括以下幾個方面：掌握是否具備實現目標所需的條件：人力、物力、時間、財力、資訊是實現目標的必備條件。這些條件自然要受實際情況的限制。在制訂工作計畫前必須搞清楚，實際情況對上述條件限制到什麼程度；力求工作計畫的完善：工作計畫是行動的指南，因此要經常修改。為了提高工作計畫的品質，需時刻具備問題意識，發現問題，及時改進；制訂工作計畫的具體安排：工作計畫已經決定，應馬上做出安排。盡量發揮主觀能動性，動腦筋，考慮採用哪種方法才可以使計畫變為實際的行動；廣泛徵求意見和建議：在制訂工作計畫的時候，一個有效的方法是廣泛徵求主管、前輩等人的意見與建議。

■促進任務完成的「5W1H 法則」

「5W1H 法則」是指 What、Why、Who、When、Where、How。這些法則，很多人應該

都有所了解，但能熟練支配並善加利用的人卻非常少。在落實工作的過程中，運用這些法則，是非常有效的。這個法則詳細內容是：

（1）What（什麼）——情況、材料、錢財、資訊；

（2）Why（為什麼）——理由、目的；

（3）Who（誰）——人；

（4）When（什麼時間）——時間、時期、期間；

（5）Where（什麼地方）——場所；

（6）How（怎麼樣）——實行的方法。

在實際工作中，要認真思考並靈活運用上述法則的各項內容。

總之，工作任務的出色完成和有效落實，離不開目標的確立和計畫有效的實施，我們要把明確目標、制訂有效行動計畫作為一種習慣在日常工作中堅持下去。

【落實箴言】

目標是解決去哪裡的問題，計畫是解決如何去的問題。只有做好這兩點，我們才能把工作做得出色。

心無旁騖，不為小事煩惱

在實際工作中，很多人做事常常東做一點西做一點的，精力一點都不集中，很容易被瑣事干擾，因此工作落實效率極低，當然也無法取得出色的業績，在事業上始終也沒有大的起色，最終是身體被拖垮，頭髮也蒼白，卻仍然沒有屬於自己的事業。還有些人在小事上空耗精力，反而在真正的大事上精力不足。就像有漏洞的鍋爐一樣，蒸汽在沒有驅動活塞、產生能量之前，就已洩漏得一乾二淨。這種人往往白費力氣，不管是對自己還是對其他人來說，都是毫無用處的，有時甚至是幫倒忙。

作為企業的一名員工，與任何人溝通時都能簡捷迅速是非常可貴的本領之一，這也是成功的落實者共有的特徵。以沉默寡言和辦事敏捷、迅速而著稱的落實者都是深謀遠慮、實力雄厚、目光敏銳的人，他們說的話，句句都很準確、到位，都有一定的目的，他們從來不會在瑣碎的事情上浪費一分一秒。

在美國現代企業界裡，金融大王摩根是一個與人接洽生意能以最少時間產生最大效率的成功者。摩根每天上午九點三十分準時進入辦公室，下午五點鐘回家，有人曾對摩根的資本進行了計算，得出的結果是：他每分鐘的收入是二十美元，但是，摩根本人認為遠不止這些。

一般情況下，摩根不喜歡一個人待在房間裡工作，而是喜歡在一間很大的辦公室裡，和員工們一起工作，這樣便於他隨時指揮手下的員工，按照他的計畫去行事。如果你走進他的「大辦公室」，很容易就能找到他，但是，如果你沒有什麼重要的事情，最好不要去見他，因為他是絕對不會歡迎你的。

在平時，他除了和生意上有特別關係的人商談外，與其他人談話絕不超過五分鐘。且當你同他說話時，一切拐彎抹角的方法都會失去效力，他可以立刻判斷出你的真實意圖。這種卓越的判斷力使摩根節省了大量寶貴的時間。有些人原本就沒有什麼重要的事情需要洽談，就是想找個人聊天，因此浪費了許多重要的工作時間，摩根對這樣的人一直都是沒有好感的。

當然，做事簡捷迅速、斬釘截鐵的人有時候也會引起別人的不滿，但是，他們絕對不會把這些不滿放在心上。為了在事業上有所成就，為了恪守自己的原則，為了保證工作的落實，他們必須集中精力，盡量和與他們在事業上有關係的人來往。

羅斯福總統是一個善待客人的人，但是，他同時也是不被瑣事纏身的典範。當一個分別很久、只求見上一面的客人來拜訪他時，他總是在熱情握手寒暄之後，便非常遺憾說他還有許多別的客人要見。這樣，他的客人就會簡潔說明來意，告辭而去。

除此之外，生活中的小事，也是致使我們工作不能及時落實的原因。所以，要想成為一個高效率的落實者，就是學會和善於處理神生活中的瑣事，不讓它左右了自己的情緒。

陳梅效力於一家外商，薪資過萬，衣著光鮮，一副典型的都市高級白領形象。但在她風光的背後，也會被一些生活的小事而煩惱，以至於情緒帶到了工作中，影響了工作效率。

陳梅在有了兒子以後，在很長一段時間裡，都是和丈夫一起帶孩子。由於陳梅的丈夫上的是夜班，下午五六點才去上班，經常是半夜才回家，這樣一來，白天，丈夫還能幫她帶帶孩子，但是丈夫上班之後，陳梅就得一個人照顧兒子。

常常是廚房的碗還沒來的及洗、剛剛幫兒子整理好的玩具，他就扔得滿屋子都是，這樣他才會高興；再過一會，他又纏著陳梅陪他看卡通。到了固定時間，陳梅擔心兒子營養不夠，還要為他重新煮一份食物。在兒子睡覺前，陳梅千呼萬喚，兒子才肯洗澡；洗完澡兒子又不肯睡覺，陳梅還得給他講故事……

總之，那段陳梅幾乎是一路小跑完成這些小事情的。等把兒子哄睡了，已經是半夜了，陳梅全身酸痛，還要等丈夫下班回來，她才能安心睡覺。第二天，她還要打起精神去工作。

就這樣過了一段時間，陳梅的抱怨慢慢多了起來，不是抱怨丈夫回家晚，就是抱怨兒子太調皮了。但是後來，陳梅突然發現，不是這些小事和兒子將她弄得疲乏，而是自己的心態不好，過度在乎一些小事。她覺得在屋子絕對安全的情況下，沒必要跟著兒子後面，一一拾起他到處扔的玩具；沒來得及洗的碗，可以用閒置時間洗，或者讓丈夫去洗；而給兒子做的飯，可以提前做好放到冰箱；小孩不喜歡洗澡，要學會鼓勵的技巧。

陳梅意識到抱怨對她要做的事情沒有任何幫助，甚至還會影響到工作。既然這都是必須做的事情，與其帶著抱怨去做，還不如快快樂樂去做。從此以後，陳梅常常是邊做飯，邊哼著歌以緩解自己的不良情緒，或者是看著兒子一天天健康成長，她就會覺得很幸福，之前打算請保姆的想法也煙消雲散了，因為兒子還是自己帶比較放心。

就這樣，陳梅很輕鬆度過了那段日子，直到父母過來。陳梅的丈夫見陳梅這麼賢慧，很感動，利用週末，他還將陳梅「騙」到咖啡館，進行了一次約會，懷念過去的同時，還鄭重感謝了陳梅。這讓陳梅感動不已。

如今的陳梅已經不同往日了，遇上在繁瑣的小事，她都能輕鬆對待，甚至能以一個享受的心態去做，當然，有了這種心態，她的工作也是一帆風順，成為了公司主要栽培對象之一。

從上述案例中可以得出這樣一個結論：不能因為瑣事而錯過最重要的東西。一個成功的落實者總是能判斷出目前的小事是否會影響自己或別人，不管他是一個老闆還是打工族，都會合理進行自我調整。可見，要提高工作效率，就不要被生活中的各種小事干擾。

生命短暫，精力有限，我們沒有資本供自己揮霍。如果想充分利用生命中的每一天，保證工作的落實，贏得老闆的青睞，那麼，就必須去做那些值得自己投入時間和精力的事。

【落實箴言】

要想提高工作效率，保證工作的落實，就必須去做那些值得自己投入時間和精力的事。

當下的事情，當下完成

有效落實的一個祕訣就是該做的事，立即去落實。比如主管有什麼安排，立即去落實；客戶有什麼要求，立即去落實。要知道，工作成績是落實出來的，而不是透過等待得來的。

不論做什麼工作，當主管分配給你某項工作後，就要抓住工作的實質，當機立斷，立即行動，毫不延緩，這才是真正的落實精神！立即落實是一種習慣，是一種做事的態度，也是成功者共有的特質。

凡事行動就是成功的一半，第一步是最重要的一步，行動不是從第二秒開始，應該是從第一秒開始。

H集團彩色電視一九九七年九月上市，經過八個月時間，結果得出一九九八年五月H集團彩色電視在市場銷量排名第一且一直位居榜首。有人評論，這是必然的事，但令人意想不到的是：這項成就的創造者竟是個不足二十三歲的毛頭小子——銷售經理辛波。

一九九八年十二月初，某品牌彩色電視負責人率領三十人的銷售大軍浩浩蕩蕩開到了商場，想要和H集團一爭高下。那時，H彩色電視在商場僅僅只有三名銷售員。在力量懸殊如此大的情況下，H集團彩色電視銷量依然雄踞該商場榜首。

一次，辛波在商場談展示台工作時，商場經理邀請他吃午餐，他卻拒絕了，然後利用午餐時間布置好了展示台。當商場經理用餐回來後看到這一切，大吃一驚，之後商場便把黃金位置給了H集團彩色電視。

H集團貿易公司總裁麥克曾接到很多消費者的投訴，說普通冷凍櫃太深了，拿東西非常不方便。麥克在二〇〇一年「全球H集團經理人年會」上突發奇想，能否設計一種上層為普通臥式，下層為帶抽屜的冷凍櫃，兩者合一，問題不就解決了嗎？

麥克的想法傳達到冷凍櫃產品本部後，他們立即派四名研發發人員採用同步工程，連夜奮戰，僅用十七個小時就完成了樣品機。更加令用戶感到驚奇的是，他們又接著做出了第二代產品。在當晚的答謝宴會上，當這些樣品機披著紅綢出現在會場上時，引來一片驚歎聲，隨之爆發出長時間的熱烈掌聲。

「迅速反應、馬上行動」在H集團的工作作風中隨處可見，他們以最高的落實效率來完成工作，盡最大努力在相同時間內做出更多的成績；以迅速快捷的態度對待市場，絕不對市場說不，為用戶著想，對用戶真誠，迅速為用戶解決問題。H集團正是在這種工作作風的帶領下，在市場上贏得了巨額商機。作為一名員工，要想成功，一定要像H集團一樣，養成接到工作任務就立即去落實的工作習慣。

但是，現在有很多公司和部門，有很多工作不能當下落實，總是毫無期限拖延下去，這是因為執行力不夠、落實流程不暢所導致。公司各部門之間、主管和下屬之間、同事和同事之間工作任務分不清楚，互相合作不夠，這樣就給落實工作造成了阻礙。

王先生喜遷新居，為此特意裝了一個最新款的櫃式空調。但是剛用沒用幾天，空調就不能製冷了，此時正值夏季，家裡的溫度不斷提高。趕緊請專業人員來維修。撥通電話後，接電話的人只是不耐煩說：「知道了，會給你解決的，你等著吧！」說完，直接掛了電話。

王先生愣了半天才回過神來，但是卻毫無辦法，只有等廠商處理結果了。結果，這一處理，就處理了半個月。等維修人員慢騰騰上門後，不到十分鐘就把空調給修好了。

本來當天就能解決的事情，這個空調廠商卻硬是脫了半個月才落實，這不僅讓王先生兩口子足足熱了半個月，嚴重影響了他們的生活。同時，這個廠商也影響了自己的聲譽。

後來，王先生又給那個生產空調的廠商打了電話，告訴他：「以後你們生產的空調，就是送我，我也不要。」當然，王先生也知道他們也不會白送，只是對他們的工作的低效率表示一下憤慨。

從上述案例，我們不難看出，在工作中立即行動、馬上落實是非常重要的。但是，在企業裡，卻存在很多這樣的員工，對自己不感興趣的事情就採取消極的態度，他們要麼不去做，要麼敷衍了事，要麼拖拉、推諉。事實上，無論屬於哪種情況都會給工作帶來損失，不但耽誤工作進程，而且也極大影響了自己的發展，因為沒有任何一家公司會喜歡或重用一個對工作漫不經心、總是無法按時完成工作任務的員工。

大多數人在工作中都會產生惰性，事情不著急都喜歡往後拖一拖。但是，這種「以後再做」的想法，常常會使計畫落空，工作變得一片混亂，隨之也會產生後悔、自責、煩躁的情緒，從而影響在工作上的進步，還容易由於混亂而發揮不出應有的實力，自然也就無法保證工作落實到位。

【落實箴言】

「立即行動，馬上落實」是一切成功的基礎。

解決靈不靈，就看落實行不行

在落實的過程中，最沒有效率的事情就是事情落實沒有一步到位，問題得不到解決，以致被推倒重來。

無論在工作上還是生活中，有太多這樣的事情存在。例如往垃圾桶裡扔一個空瓶，想省點事少走兩步，結果沒有扔進，只好彎腰撿起來再扔。本來一次就可以解決的事情，做了兩遍才解決，問題的本質就在於落實沒有一步到位，如果直接走到垃圾桶旁邊，輕輕鬆鬆就能扔進去，怎麼會浪費第二遍呢？

可見，要提高落實效率，最重要的一條方法就是「落實一步到位」。據說當年籃球名將麥克．喬丹來某國訪問籃球隊時，曾有籃球官員問麥克．喬丹：「您認為我們的球員怎麼樣？」喬丹回答：「你們擁有非常優秀的球員，但他們都只會打籃球，不懂得打籃球的哲學。」

同理，工作也有工作的哲學。落實一步到位，不是一個簡單量化的工作標準，而是一個改變所有公司和個人有效工作的哲學和方法。

格里．富斯特是美國大名鼎鼎的演講家，作為一名公眾演講家，富斯特深知，自己要想獲得更大的成功，就要讓客戶及時拿到關於他的資料，這樣客戶就會更全面了解他。為此，公司還給他派了一名助手，專門負責此事。

他對前後兩任助手哈林和愛麗絲的不同表現有著很深的印象。

五年前，富斯特專程去多倫多的一家企業的演講。中途在芝加哥轉機的時候，他還是有些不放心前期準備是否妥當，所以就給哈林打了電話，好讓自己沒有後顧之憂。

「哈林，關於演講的資料送到多倫多了嗎？」

「一個星期前，我就寄出去了。」哈林信心滿滿說。

「他們收到了嗎？」富斯特仍然不放心。

「快遞公司說兩天之內肯定能送到。」哈林有些答非所問。

聽到哈林的回答，富斯特更加擔心了，但事已至此，他也沒有更好的辦法，只能默默祈禱別出什麼亂子。

結果，當富斯特到了會場的時候，他的資料還是不見蹤影，不過，富斯特臨場應變能力很強，加上演講經驗豐富，聽眾一點也沒覺察到他的「無備」而來。相反，聽眾對他的信手拈來和口若懸河的才能欽佩不已。但富斯特對這種被動的境地很不滿意。

五年後，富斯特事業如日中天，又接到了來自多倫多的邀請函。同樣，他在芝加哥換機的時候，想到了五年前的經歷，不由的一陣擔心，當即就撥通了後任助理愛麗絲的電話：「我的資料送到多倫多了嗎？」

「會場負責人瑪麗兩天前就已經收到了。」接著，愛麗絲又說，「另外，瑪麗告訴我這次的聽眾比預計要多三百人，所以我又多寄了六百份資料，這些資料對方也收到了。還有，她問我您在演講之前，是否希望聽眾都拿到資料。我告訴她說您通常都會這麼做，但這次演講和往日不同。所以，她希望這次的資料發放先徵求您的意見。我這裡有她的電話，您記一下，方便隨時聯繫。」

愛麗絲的一番話，讓富斯特徹底放心了。

從表面看，哈林的工作沒有什麼可質疑的，該做的都做了，甚至為防止出現意外，她將資料提前幾天交給了快遞公司。這無疑是一個聰明之舉。

但仔細想想，她的工作還是有疏漏，那就是她沒去確認落實結果——對方是否已經收到資料。這也是她沒深入設想的事情，才導致出現的問題。

所以，在工作中，每個員工把工作落實一步到位，是提高落實效率的第一步。很多人在工作中都遇到過越忙越亂，舊問題剛解決，又產生新問題的情況，在忙亂中造成的錯誤，輕則自己手忙腳亂改錯，浪費大量的時間和精力；重則重做檢討，給公司造成經濟損失。這是因為，工作落實沒有一步到位，忙著改錯，改錯時又很容易製造新的錯誤，惡性循環的死結越纏越緊。在「忙」的心力交瘁的時候，我們是否考慮過這種「忙」的必要性和有效性呢？

因此，再忙也要停下來思考一下，使用技巧解決問題，而不是盲目的拼體力。工作落實一步就到位，這是解決「窮忙」的要訣。

可心一直想要投資開一家日式料理店，在想法越來越強烈時，她決定把它付諸行動。她找到好朋友小亭幫她忙，兩人跑遍整個城市，看了無數處店面，經過反覆比較最後確定租下其中一間。

接下來開始裝潢，可心請來裝潢公司，對他們詳細說明自己的想法。她把店內所有空間，就連一個小角落都花心思布置了一番，並且對離店遠至百尺的路段也做了精心布置。店終於按可心的要求裝潢好了，小亭說：「布置得挺好，趕快開業吧，早開一天早收入一天。」

可心卻說：「一個星期後再正式開業，從明天開始，我請你帶朋友來吃飯，全都免費，前提是：你們每吃一次，至少要提供一條意見。」小亭感到很奇怪，問她為什麼，可心回答：「在日本，飯店不會讓客人等時超過五分鐘，不能讓他們有任何不滿意的地方，現在開業，我沒有把握，所以我還要付費請諮詢公司找些挑剔的顧客來。」

小亭更感到驚訝：「你沒必要那麼認真，不需要這樣，要我說，先開業發現問題再說，現場改也來得及。」可心立即反駁道：「不，我不能拿顧客做試驗，我做過調查，開業最初十天進店的顧客，基本上就是你店裡長期的顧客，如果你在這十天留不住顧客，你就得關門了。」

小亭有些費解，問：「為什麼？一個新開的店，肯定會存在一些不足之處，客人也會諒解的，下次改正就行了。」「不，沒有下次，只給你一次機會。在日本，只要是由於你本人的原因犯了錯，你就得走，你不能說：『對不起，這次我錯了，給我機會，我保證下次改正。』沒有下次，只給你一次機會。」可心認真答道。

可心這樣「一步到位開店」的精神，細緻得讓人感到驚訝，也確實值得我們學習。

無論是在生活中還是工作上，「行動上的矮子」隨處可見。人們總有很多想法，卻總是不見落實。他們要麼認為是事情本身不可能有結果，要麼說時機不成熟，為此他們總是在尋找各種各樣的藉口。其實，阻礙我們落實的往往是心理上的障礙和思想中的頑石，而不是事情本身的難度或時機不成熟。

因此，如果你認為一件事情值得去做，或者一旦認定的事情，就應立刻去落實，並且要一步到位，那麼，你會發現事情其實遠遠沒有你想像的那麼難。

【落實箴言】

最好的落實就是一步到位、絕不打折的落實。

第六章 落實無小事，細節是關鍵

解決靈不靈，就看落實行不行

第六章　落實無小事，細節是關鍵

成敗就在細節中

有人說過「從細節中來，到細節中去。」細細品讀這句話，自會有一番道理。所以我們不僅要拿這句話勉勵自己，更要把這句話當做工作和生活中的原則。一個人要想獲得成功，在注重大局的同時，更不能忽視細節問題，因為細節既能成就你，也能毀滅你。

一天，一家公司公布了部門主管的人選，居然不是大家公認的王鵬，這個結果讓所有人大跌眼鏡。

王鵬從一所知名學校畢業，是一名響噹噹的研究生，他的專業資歷顯然是出類拔萃的；在公司也算是老員工了，研究生一畢業就到這家公司工作，他也是被老總列為重點栽培的對象。王鵬在工作上一直是順風順水，公司內部有什麼好事幾乎都有他的份。半年前公司專門栽培儲備幹部、為升職加薪做準備的國外培訓，老總親自點名讓他去了，據說那次王鵬給培訓總部的主管留下了很深刻的印象。而且身邊的同事對他的風光無限只是覺得理所當然，沒什麼妒忌之心，因為王鵬的學歷和能力都非常好，這是最能讓人信服的原因，尤其是他非常會做人，八面玲瓏，人事關係處理的非常恰當，老總見了他也是一臉和善。這次部門主管的職位一空缺出來，大家都認為非他莫屬了。

那段日子裡，王鵬一臉得志的樣子，躊躇滿志只等坐上主管的位置，然後大幹一場，向全公司的人證明自己的能力。

但是，一個月後，王鵬卻無緣這個主管職位，總部從外地的分公司派來一個人來擔任這個職務，這是大家所沒想到的。而此時，只有王鵬自己知道失敗的原因：細節既能成就你，也能敗壞你。

在部門主管空缺一個月後，王鵬東盼西盼，終於等到了老總找他談話的時刻，心想一定是找他談升遷的事情，他極力抑制住自己激動的心情，走進了老總的辦公室。老總依然是一臉和善揮揮手讓他坐下，還親自為他倒了杯水。這讓王鵬受寵若驚的同時，更加堅信主管職位已經確定了。老總對他說：「王鵬，你來公司有幾年了吧？「還未等王鵬插話，老總感慨說，」公司能走到今天，你也是功不可沒！」

王鵬謙虛回應著老總，總覺得老總說話沒有平日裡的單刀直入。老闆繼續說：「我們公司馬上就要擴大規模，需要很多像你一樣能幹的年輕人，你確實很有能力，可是……」老總說了半天無關緊要的話，然後話鋒一轉，告訴王鵬主管一職由別人擔任。

「為什麼？」王鵬失控站起來大聲叫出聲來。老總看著王鵬的舉動，依然平靜讓他坐下，然後說出了理由。王鵬聽了，無話可說了。老總說：「公司不斷發展壯大，完善管理是大勢所趨，對於一些有貢獻的員工理應升職加薪，這次對你的職位的安排，我也十分矛盾，所以……」

接著，老總說了一些王鵬在公司細節上的表現，讓王鵬冷汗直流。他怎麼也想不到，日理萬機的老總對他的占公司便宜的事情竟然知道的一清二楚。

前些日子，透過王鵬的努力，幫公司拿下一筆大訂單，老總很滿意，直接交給王鵬負責，讓他馬上開始運作。王鵬和合作公司的業務員談好條件後，王鵬要求在開票的時候，多開了五萬元，裝進了自己的口袋。

由於王鵬是公司的老員工，學歷又高，能力又強，也懂得變通，老總一直很看重他。當時，由於這個專案負責人較少，很多大小事務都由王鵬親自操作。也就是在這個時候，王鵬發現了工作中能增加自己收入的機會，在享受老總賦予權力滋味的時候，還「恰當」拿點回扣。

王鵬平日最大的愛好就是旅遊，雖然有休假的機會，但只要有假公濟私的機會，王鵬是絕對不會放過的。其實，這些都只是一些毫不起眼的蠅頭小利而已，比如：行業內大型公司在一些風景城市召開業務會議，一個星期的會議，王鵬往往會提前一天或兩天到達那座城市。公司對此沒有什麼規定，王鵬也覺得這是小事一樁。時間一久，王鵬養成了一個習慣，凡是開會地點在有山有水、風景優美的城市中，他肯定會提前到達；而在那些沒有什麼旅遊價值的城市中開會，他一般都是會議當天才會到達。

再比如：公司規定像王鵬這種級別的員工，在搭乘飛機的時候，是不允許坐商務艙的，但是，有一次陪同老總飛往外地辦事，當時經濟艙客滿了，王鵬理所當然享受這商務艙的寬敞、舒適，以及高人一等的自豪感。享受了商務艙的寬敞、優厚待遇以及做人的自豪感。以後，凡是經濟艙訂不到他要的班機，他就會預定商務艙。基層員工雖然看到眼裡，也不能說什麼，但是去報帳的時候，財務部的人可都看得一清二楚。

從這個案例中，我們可以看出正是這些細節導致王鵬沒有坐上部門主管這個職位。其實，仔細想想，人往往為會為一點小利，抓住一些細微的東西不肯放手，結果必然會像王鵬一樣因小失大，失去了這次晉升的機會。

而在工作中的細節遠遠不止這些，所以，無論我們從事什麼工作，都不能忽視對細節的重視，反而更應該從各方面關注細節，做好細節，才能做好工作。只有關注細節，才能成就一番事業；重視細節，才能改變命運；落實好細節，才能實現理想。

【落實箴言】

在工作中認真細緻，在細節上用心落實，不留下一絲閃失和遺憾，或許你就能做出別人意想不到的成績，在職場中輕鬆獲勝。

細節體現在細緻中

細節和細緻到底是怎樣的關係？在工作中，如果說細節是基礎，那麼細緻就是讓細節落實到位的保證。越細緻，出現差錯的概率就會越小，落實也就越到位；越細緻，就越能以最快的速度解決問題，落實也就不再是一句空話。

一天，美國通用汽車凱迪拉克（Cadillac）型號售後部門，收到了一封客戶的埋怨信。下面是信的內容：

「這是我第三次為了同一件事情給你們寫信了，我不會抱怨抱你們為什麼沒有給我回信，因為在別人看來，我或許是精神上出了問題，但毫無疑問，這畢竟是一個事實。

我們家族有一個傳統的習慣，在全家用完晚餐後，我們都會把霜淇淋作為飯後甜點的。但是，霜淇淋的口味有很多種，所以我們全家在飯後會進行一個投票，以此決定吃什麼口味，然後由我開車出去買。

但是自從我買了一輛新款的凱迪拉克，在我去買霜淇淋的過程中就不斷出現問題。每當我買的霜淇淋的是草莓口味，從店裡出來的後，車子就發動不了。但是我買其他口味的霜淇淋，車子很容易就能發動。我想告訴你，我對這件事情是非常認真的，儘管這個問題是多麼可笑無知。可是，為什麼我每次買草莓霜淇淋，它就不能開動呢？為什麼？那可是我剛買的新車啊！」

凱迪拉克售後部經理雖然總懷疑這是一起惡作劇，但是還是派了一位經驗豐富的工程師去查看究竟。當工程師按位址找到這客戶的家時，很驚訝發現，這封信的竟出自於一位擁有一家公司、性格開朗，並且受過良好教育的成功人士。工程師與客戶約定見面時間，正是他們全家剛用完晚餐，兩人迅速發動汽車，朝霜淇淋店開去。這從買的霜淇淋是草莓口味的，當買好草莓霜淇淋後，車子又發不動了了。之後，按照約定，工程師來了三個晚上。

第一晚，買的是牛奶霜淇淋，車子沒問題。

第二晚，買的是抹茶霜淇淋，車子沒問題。

第三晚，買的是草莓霜淇淋，車子又不能發動了。

工程師怎麼也說服不了自己去相信汽車會對草莓霜淇淋過敏，但這也也激起了他的好奇的心理，他接連幾天按照相同的行程觀察這部汽車，希望能找到解決的辦法。

工程師開始記錄駕駛汽車前後的種種資料，比如行程所用的時間、車子使用的汽油種類等等。透過不斷總結，工程師終於找出了問題的癥結所在。

原來，客戶買草莓霜淇淋所用的時間，要比買其他口味的霜淇淋所用的時間要短很多。這也和霜淇淋店的經營方式和設置有關。因為草莓霜淇淋是所有口味淋中最受歡迎的，霜淇淋店為了能讓顧客盡快取得草莓口味的霜淇淋，便將草莓霜淇淋單獨放在一個冰櫃裡，並且將冰櫃放在其他口味霜淇淋的前面。

現在，工程師面對的問題是，為什麼引擎熄火時間較短，汽車就很難發動？原來問題是出在「蒸氣鎖」上，因為熄火的時間太短，以至於引擎過熱，導致無法使「蒸氣鎖」有足夠的時間散熱。據此，通用工程師重新設計了一種新型的、較為完善的汽車散熱系統。

若是常人看來，不就是汽車多發動幾次而已，用得著這麼小題大作嗎？少吃幾次霜淇淋又不會影響什麼「大局」。

然而，這個案例中卻出現了相反的情況：細緻的客戶提出了細緻的抱怨，細緻的工程師則對問題進行了細緻的分析，直到最後解決。正是這種對品質的一絲不苟，成了通用汽車公司多年屹立不倒的原因。

落實力就是競爭力。同樣的落實，比的就是細節，而細節，往往體現在細緻上！也許有人會說，成大事者不拘小節。其實，那些人的眼睛只看到一些重要的事情，覺得那些小事根本就沒有絲毫意義。然而，事實上，如果你連小事都做不好，又談何成大事呢？因此，我們不要總是幻想成就一番不平凡的大事，以致在面對很多細節時都視而不見。

實際上，一個人在工作中會發生許許多多的事情，但是有時候也很難分辨這些事情到底算大還是算小。一個小小的細節或許就是決定你成敗的關鍵，比如你留給別人的印象、你帶給別人感動的事情等，這些細節往往會影響你的職業生涯。那麼，作為一名員工，應該如何做到細緻落實細節呢？

■凡事想得全面周到

在日常生活中，員工必須既著眼於理論的運用，又著眼於新的實踐、新的發展；既要看到有沒有必要，又要看到有沒有可能；不但要了解歷史、把握現實，還要看到長遠，看到發展；既要想到可能產生的積極效果，又要想到可能產生的負面效應；要不怕艱苦，不怕困難，進行深入細緻的調查研究。

■嚴格要求自己

做任何事都要嚴謹細緻，必須嚴格要求自己。每天準備好備忘錄，做好工作計畫，事無鉅細一件一件落實。對於上級下達的工作任務，要積極完成，爭取每一件事情都要落實到位，不能敷衍了事。只有在一系列細節上對自己嚴格要求，才能在不知不覺中趕走粗心大意這個毛病。

■從對點滴小事的嚴格要求做起

每個人平時的一言一行都會形成習慣，好的職業素質和習慣並不是一天就能養成的，不要不斷累積，正所謂「不積跬步，無以至千里」。

員工要培養嚴謹細緻的做事態度，就要從身邊的小事情做起。首先，不要因玩樂而耽誤工作。在休息日的最後一天，要做一個心理調整，想一想本週該做哪些工作，制訂一個周密的工作計畫，帶著清醒的頭腦去上班。

其次，要嚴格遵守工作時間，遵守時間是最基本的工作態度，也是對自己最起碼的要求。上班不遲到，下班不早退，避免給主管留下不好的印象。

最後，公私分明，不要因為私事而影響工作。比如不要因私事帶親人朋友來公司，在工作時間不要撥接私人電話，以免影響工作效率等。

老子言：「天下難事，必成於易；天下大事，必做於細。」細節到位，成功才會有堅實的基礎。做事細緻，才能保證細節的落實；工作細緻，才能體現自己的與眾不同。所以，不論工作難易，都要嚴謹細緻對待，粗心大意必將會被成功所忽視。

【落實箴言】

嚴謹細緻對待工作的態度，是一個人減少工作失誤、落實工作的根本保證。

工作沒有簡單二字

很多人只想做大事，認為只有做大事才是真正成功。但是他們似乎忘了所有成功的人，都是從簡單的事開始做起的。只有把每一件簡單的事落實到位，才能為做大事累積經驗，成功的機會才能更大。

一位知名企業家在告別自己職業生涯之際，應多人要求，公開演講自己一生取得多項成就的奧祕。

整個會場座無虛席，但非常奇怪，在前面的舞台上，吊了一個大鐵球。觀眾們都覺得莫名其妙。這時，有兩位工作人員抬了一個大鐵鎚，放在這位企業家的面前。企業家請兩位身強力壯的年輕人上來，讓他們用這個大鐵鎚，去敲那個吊著的鐵球，讓它盪起來。

一個年輕人搶著掄起大鐵鎚，全力向那吊著的鐵球砸去，可是那鐵球紋絲沒動。另一個人接過大鐵鎚把鐵球打得叮噹響，可是鐵球仍舊紋絲不動。台下的人都以為那個鐵球肯定動不了。這時，企業家從上衣口袋裡掏出一個小鎚，認真面對著那個巨大的鐵球，用小鎚對著鐵球「咚」敲了一下。然後停頓一下，再敲一下。人們奇怪看著，企業家就那樣敲一下，然後停頓一下，就這樣持續做。十分鐘過去了，二十分鐘過去了，會場開始騷動。企業家仍然不理不睬，一敲一停工作著。

大概在企業家進行到四十分鐘的時候，坐在前面的一個婦女突然尖叫一聲：「球動了！」剎時間，會場立刻鴉雀無聲，人們聚精會神看著那個鐵球。那球以很小的幅度擺動起來，不仔細看會很難察覺。鐵球在企業家一鎚一鎚的敲打中越盪越高，它拉動著那個鐵架子「哐哐」作響，它的巨大威力強烈震撼著在場的每一個人。

場上終於爆發出一陣陣熱烈的掌聲。在掌聲中，企業家轉過身來，慢慢把那把小鎚揣進口袋裡。

從這個生動的案例中，我們得到這樣一個結論：只有一步一步把簡單的事做好，才能使自己的事業完成從量變到質變的飛躍。這或許是一個比較漫長的過程，但只要堅持，就能完成這個飛躍。

作為普通人，在大部分日子裡，從事的很顯然都是些簡單的事，但是只怕簡單的事都做不好，做不到位。有的人不屑做些簡單的事，總是盲目相信「天將降大任於斯人也」，其實能把簡單的事做好，就不簡單了。

某研發單位，剛分配進來一個剛畢業的大學生，這個年輕人總是誰也不服，總覺得自己是最聰明的人，每天幻想一舉獲得讓人不可思議的研發成果，讓同事和主管刮目相看，然後帶領所有的研發人員攻克一個又一個難關……他總覺得自己的理想是遠大的，也是切實可行的，再加之他的才能和條件，只要主管能把他安排到一個合適的位置上，他必然一鳴驚人。

可是現實這盆冷冰冰的涼水很快就讓他失落起來，主管讓他做得盡是一些拿燒瓶、遞工具，計算一些資料等令人心煩又無趣的工作，他覺得這種工作不僅是浪費自己才華，更浪費自己的青春，於是找了好幾次主管要求換工作。主管也挺喜歡這個有衝勁的年輕人，二話沒說就給他調換了工作，可是無論他到了哪個部門，他都不能安心工作，他再次提出換工作。

主管找他談話了。主管語重心長對他說，公司裡有很多在專業線上苦幹了十幾年，有的人早就取得了不小的成就，可依然能堅守職位，做一些平凡的工作。科學工作講求的就是細緻二字，任何重大發明和突破，都離不開日積月累的細微付出。年輕人對主管的話不屑一顧，他認為主管講的都是老掉牙的扼殺人才的藉口。就這樣，由於主管沒滿足他調換工作的要求，年輕人一氣之下，申請了調離，到了另一家他認為能展示才華的新公司。

然而很可惜，幾十年一晃而過，當他原來同事遇到他的時，已經到了不惑之年的他，依然一副長吁短歎，鬱鬱不得志的樣子。繼續深聊下去，一事無成的他談起理想依然是一副生氣勃勃的樣子，但仍然抱怨自己命運不濟，沒有遇到能賞識自己的伯樂。他對原來的同事說，他準備再換一家，是一所學校的研究部門，據說在那裡，他將有機會大展宏圖，實現自己的人生理想。

職場中，像這位年輕人一樣的人不在少數，他們心高氣傲，總覺得自己才華橫溢，不願意埋頭做一些細微的工作，小事不願意做，大事又做不來的人。所以他們頻頻跳槽，拿的永遠只是試用期的薪資。他們不知道，總有一天，他們將會為自己的輕率付出代價——那就是一事無成。朋友們，如果你也有這樣的毛病，就要及時改正，不能再因小失大了。

這是一個充滿競爭的時代，每個人都渴望能夠成功。然而，成功並不是一朝一夕的事，只有經過長久的付出與累積才能得到。很多時候，工作中並沒有太多轟轟烈烈的事情發生，更多的是經常性、重複性的工作，每天能夠將簡單的事情認真做好，就是工作落實到位的最好體現。

售票員的工作簡單不簡單？很簡單，但是因為將簡單的事情做到了最好，很多人因此成為勞工模範。所以，簡單中其實孕育著不簡單。

許多人經常埋怨自己的工作沒有什麼前途，總是羨慕那些做大事的人，可是他們從來就不會去反省一下自己，在工作中盡最大努力了嗎？如果自己真正能做到做一行愛一行，全身心投入到看似簡單的工作中，日積月累，成功將會離你越來越近。

當你因為自己的工作不夠重要而埋怨的時候，當你覺得自己沒有得到重用而憤憤不平的時候，應該去看看那些腳踏實地的人是如何工作的。他們不會因為自己的工作不重要而選擇不用心工作，也不會因為自己暫時沒有得到重視的而選擇放棄，他們在把自己手中看似簡單的事情認真去落實，他們選擇繼續努力。

大多數年輕人在初入職場時，都想做一番大事業，而不願去做那些簡單的事，可是你想過沒有，如果不把簡單的事情做好，怎麼能做成大事呢？

因此，我們在工作中把自己手頭上簡單的事認真落實做好，落實到位，長此下去，精明的老闆總會注意到你的才智，你也會因此而獲得升遷的機會。

【落實箴言】

如果今天能將簡單的事情做到最好，那麼明天無論面對多麼複雜的事情，都不會畏懼。

深挖細節的縱橫面

所謂細節，就是一些很細小的事情，因而常常會被人們所忽略，然而，這些細小的事情放到企業的大環境裡可能就不再是小事。因此，我們在工作中不但要注重細節，而且要注意細節的各個方面。

一家國際知名公司一直信奉「嚴格要求細節的各個方面」，這句格言一直被掛在公司牆上最顯眼的地方。但是在實際工作中，很多員工都做不到這一點，凡事只要求能交差就行。從表面上看來，他們也非常忠誠、敬業，但是工作的結果卻往往差強人意。

企業最頭疼的員工就是那種不嚴格要求細節的員工，他們無法或不願意專心去做事，工作態度慵懶、散漫。這種現象的出現也是有一定原因的，他們在學生時代就已經養成了心不在焉、漠不關心的習慣。當步入社會後，自然很難出色完成自己的工作。上班遲到對他們來說是家常便飯，辦事沒有條理，思維缺乏邏輯，這怎麼能給主管留下好印象呢？長此以往，主管自然也很難再信任或重用這樣的人了。

因此，我們在平時的工作中一定要把握好每一個細節，這樣才能把工作做到遊刃有餘，才能有發展的機會。

瑪律．布蘭德是美國福特汽車製造廠的一個工人，他就是一個注重細節的人，而且能在落實細節的過程中一步步成長起來，最後成為福特汽車製造廠最年輕的經理。

眾所周知，在世界汽車領域內，有著「汽車王國」之稱的福特汽車公司，無論是實力還是影響力，都能從這四個字中窺見一二。而在這樣的公司裡，年僅三十二歲的瑪律就能晉升為經理，這還真不是那麼簡單的事情。那麼，瑪律究竟是用什麼什麼神奇的方法獲得成功的呢？

瑪律是在二十歲那年進入福特汽車製造工廠的。從上班的第一天開始，他就對工廠生產的流程做了一個詳細的調查和了解。他知道一部完整的汽車，從零件的組裝到出廠，大約需要十三個部門聯手合作才能完成，而每一個部門的工作又完全不同。

瑪律當時就開始想：既然自己決心要在汽車製造業做出一番大事業，前提是必須熟悉整個汽車製造的流程和工序。所以，他主動向公司提出申請，願意從最基層的打雜工作做起。當時福特汽車公司的雜工還不是正式工人，不僅薪資低，而且也沒有固定的工作場所，哪裡有一些雜事，瑪律就要及時去做。他在這項工作中，和工廠的各個部門多少都有了一些接觸，對各部門的具體工作也有了一定了解。

瑪律做了一年多的雜工後，又申請調到引擎部工作。沒過多長時間，他就學會了組裝引擎的技術。後來他有申請調到車床部、椅墊部、車身部工作。五年後，他在工廠的各個部門都做過一段時間。最後他又申請調到轉配線上去工作。

瑪律的老父親見兒子幾年內除了沒什麼長進之外，錢也沒賺多少，就對瑪律說：「兒子啊，你都工作了五年了，總是做一些噴漆、製造零件的小事，是不是太沒出息了？」

面對父親的質疑，瑪律笑著解釋說「老爸，這您就不懂了。我的目標並不是當一個部門的小主管。我是以整個工廠為目標，所以必須多花一些時間去了解生產製造汽車的整個流程。我是利用現在的時間學到更多的有價值的東西，我要學的，不僅僅是一個零件是如何生產出來的，而是整個汽車怎麼製造出來的。

當瑪律覺得自己具備了一定領導才能後，決定在裝配線上大幹一番。這時，他的優勢就顯現出來了，因為他熟悉製零件的流程，也能辨別出零件的優劣，這為他的裝配工作提供了很大的幫助，沒有多久，他就成了裝配部的核心人物。很快，他就被提升為領班，並逐步成為十五位領班的經理。如果他再努力一番，可能會更進一步成長。

雜工所做的工作雖然盡是一些細枝末節的小事，瑪律卻能把握好這個機會，從中獲得各個部門的運作流程，為設計自己合理職業路線打下基礎；製作椅墊是小事，瑪律卻能熟練掌握這門手藝，等他成為管理者的時候，他會比不懂椅墊的人更會管理椅墊部門。他利用好在每個部門工作的機會，從一些細節方面入手，去多方面體驗，對工廠各個部門都有了深入的了解，發現了工廠在管理方面還有所欠缺。雖然他只是一名毫不起眼的工人，但是他的經驗、見解和眼光都遠遠超過了普通人工人。也就說，他已經擁有領導全廠工人的基本素質。所以說，瑪律在一系列的細節中擁有巨大的收穫。

作為一名員工，在工作落實工作中細節時，不僅應該學習瑪律埋頭苦幹的精神，更要學習無論他處在什麼工作職位上，都能從細節做起，並且懂得將所學融會貫通，為自己所用，這樣，才有可能獲得成功。

除此之外，要想在工作中精益求精，不放過任何一個細節，成為一名落實型員工，還需要注意以下幾點：

■具備時間觀念

隨著社會生活節奏的不斷加快，現代人的時間觀念也越來越強，他們始終保持「時間就是金錢，效率就是生命」的觀點。在職場上，每個公司的規章制度中最先要求員工的就是遵守工作時間。假如你不能嚴格遵守上下班的時間，肯定會給主管留下不負責任的印象；假如因為你的時間觀念不強而影響整個團隊的工作進度，那麼大家就很難諒解你了。另外，準時、守時是獲得別人信任的先決條件，做生意、簽協議也最講究時效。因此，千萬不要認為上班或辦事遲到幾分鐘是無關緊要的。

■著裝得體

上班時，千萬不要穿不適宜工作的奇裝異服，要盡量穿便於開展工作、與工作環境相協調、整潔的服裝。因為工作場所就是辦公的地方，而不是時裝發布會。新員工尤其要注意著裝，做到著裝整潔得體、搭配得當，盡量不要穿得太花俏。男員工只需要穿襯衫西裝、打條領帶就可以了；對於女員工來說，可以在髮型、化妝以及裝飾品上花點心思，但前提還是要大方、得體。總之，「得體」是關鍵的兩個字，千萬不要為了出風頭而刻意標新立異。

■遵守公司規定

公司有些地方規定嚴禁職工隨意進出，例如檔案室、財務金庫等。這些地方一般都機密檔案或現金支票等。新員工一定不要對此不屑一顧，在被拒絕進入後也不要有生氣的表現。如果確實有事要進去，則必須按相關規定在得到有關部門的批准後再進入。

■別在辦公室閒聊

辦公室是工作的地方，如果在辦公桌上用手撐著臉頰，或躺在椅子上竊竊私語，這種旁若無人的行為會給公司的形象帶來很壞的影響，讓別人感覺這個公司辦事效率不高，沒有管理能力。在辦公時間閒聊肯定會耽誤正常的工作，工作效率自然就會降低，甚至還會影響到周圍同事的工作，在這方面應該加強注意。

■嚴守公司祕密

自古就有「商場如戰場」之說，很多商業機密都是極其寶貴的，一旦洩露經商活動裡的祕密，就會使公司在商戰中戰敗，到那時，除了老闆損失之外，每一個員工的利益也蒙受損失。

■尊重主管

所有公司都要求尊敬主管。主管是公司事業的核心力量，大部分主管都有著豐富的辦事經驗和出眾的辦事能力。即使公司內部沒有森嚴的等級制度，也要遵守最基本的上下級關係。所以，不論你遇到一個什麼樣的頂頭主管，只要你打心底尊重他，全面了解他，你就一定能給他留下一個良好的印象，與他之間也肯定能夠建立起和諧融洽的上下級關係。

當然，細節也不是什麼洪水猛獸，不用懼怕，更不用發慌，只要從心底重視起來，並有意識提高在這方面的認識，就一定可以在細節中表現出色，使工作落實得更加到位。

【落實箴言】

當主管把工作交到你手上時，千萬不能忽視細節上的落實，要細緻、再細緻，考慮、再考慮，以確保萬無一失。

落實細節，刻不容緩

在日常工作中，老闆只會告訴你去做一些你必須做的事情，他對你的要求或許只有一點點，但是一個好的員工應盡自己最大的能力去做更多的事情，為公司的利益考慮，這也就是在工作中要落實更多的任務、更多的細節。

很多人花費大量的時間和精力去尋找成功的捷徑，卻從來不肯多花費一點時間用在工作上，更談不上注重工作上的細節了。其實，不要小看那些細節，也許正是它們可以改變你的一生。

成功離不開細節的沉澱。細節雖「細」，但集腋能成裘，積土能成山。「細」中見精神，「細」中見功力。一個人只有注意別人沒有注意到的細節，才能為自己帶來成功的機遇；一家公司只有比別人把細節做到更好，才能有更大的發展空間。

落實細節，刻不容緩

去泰國旅遊過的人應該都聽說過泰國的東方飯店，這家飯店和別的飯店也沒有多大區別，但如果你不提前一個月預定的話，絕對沒有機會入住，而且這裡很大一部分客人都來自西方發達的一些國家，房間幾乎天天客滿，這真會人產生一種錯覺，你難道這是一個寶地，是探險家的樂園？還是東方飯店自有特別的優勢，贏得這麼多的顧客？答案肯定是否定的，東方飯店沒有什麼寶藏，也沒有什麼新鮮獨到的招數，那麼，他們究竟靠什麼獲得如此傲人的成績呢？要想找到答案，我們不妨先看看一位姓張的老闆入住東方飯店的經歷。

張老闆很多生意都是和泰國人合作的，所以會經常去泰國進行商務洽談。張老闆第一次住進東方飯店，也沒感覺出飯店的獨特之處，覺得和別的飯店毫無二致。但是第二次入住的時候，他就被這家飯店的舉動深深打動了。

那天早上，張老闆早早起來，一邊打著哈欠，一邊往餐廳走去。他早就餓了，想盡快填飽肚子。剛到樓梯口，樓層的服務員十分有禮貌問道：「張先生是要用早餐嗎？」張老闆一頭霧水，問道：「你怎麼知道我姓張？」服務生說：「這是飯店的規定，必須記住當天入住的客人名字。」這著實讓張老闆吃了一驚，他做生意走南闖北多年，四海為家，全世界有名的酒店他也住了不少，但都沒遇到過這樣的情況。

張老闆走進餐廳，四處張望，想找一個安靜的位子。這時，服務小姐微笑著問：「張先生還坐老位子嗎？」張老闆一聽更加吃驚，心想這是什麼情況？自己雖然不是第一次入住，但最近的一次也過去一年多了，難道這裡的服務小姐能過目不忘？看到他吃驚的樣子，服務小姐依然一臉微笑，主動解釋說：「我剛調出電腦中的入住記錄，您在去年十月五日，在臨窗的第三個位置用過早餐。」張老闆聽後哈哈大笑說：「老地方！老地方！」小姐接著問：「老菜單，兩個麵包，一杯牛奶？一個雞蛋？」張老闆已經不再感到驚訝了，說：「還是老菜單。」

張老闆在用餐的時候，服務生又贈送了一碟小菜，由於張老闆沒見過這種菜，就好奇問：「這是？」服務生後退兩步回答說：「這是泰國特有的食物。」張老闆樂呵呵說了幾個好，又問：「你說話幹嘛後退兩步？」服務生回答說：「這是為了避免說話時不小心把口水掉落在客人的食物上。」張老闆一聽，心情舒暢，胃口大開，又叫了好幾個麵包。因為，這種細緻的服務別說一般的酒店，就是西方國家最豪華的飯店他都沒見過。這裡，他才真正有了一種當上帝的感覺！

此後，張老闆收回了在國外的投資，所以兩年沒有去過泰國。在他快過生日的時候，東方飯店給他寄來一封信，信中還附了一張賀卡，除了祝他生日快樂之外，還歡迎下次來泰國一定再次下榻東方飯店。張老闆看完後，感動的熱淚盈眶，發誓一定還要去泰國，多住幾次東方飯店，並且一定要說服他所有的朋友去泰國一定要選擇東方飯店。

由此就能看出，東飯店在經營過程中並沒有什麼神奇的招數，他們採用的仍然是傳統的，人們慣用的方法：為客人提供最人性化的服務。只不過，和別人不同的是，在他們達到規定的服務標準，便不思進取的時候，東方飯店卻進一步深挖大量的別人不在意的細節，堅持把人性化的服務拓展到各個方面。也正是靠著這更勝一籌的服務，東方飯店贏得無數回頭客，飯店天天爆滿，也就不足為奇了。

落實細節，刻不容緩

東方飯店的這種注重細節的行為令人深思。在這個競爭日益激烈的年代，想要獲得成功其實並沒有想像中的那麼難，就看你能不能抓住身邊的細節，並且立即落實下去，這樣才能在激烈的角逐中勝出，而那些喜歡空想的人，既不能落實細節，也不能馬上行動，反而找各種藉口推脫，最後只能自食其果。真正的落實者，只要立即行動，總會有奇蹟在前方等著他。

東漢末年，戰亂不斷，民不聊生。出生官宦之家的陳蕃，雖然家道中落，食不果腹，但是年僅十五歲的他並不在意這些，反而自命不凡，胸懷鴻鵠之志，以拯救天下為己任。

一天，陳蕃在正在一個庭院習讀詩書，他父親的好友薛勤來訪，見他的院子雜草叢生，穢物滿地，一片蕭敗的跡象，便說：「孺子何不灑掃以待賓客？」陳蕃聽後，不以為然的答道：「大丈夫處世，當掃天下，安事一屋？」薛勤一聽，心中暗暗吃驚小小年竟然有如此大的志向，感歎之餘，以一個長者的身分問道：「一屋不掃，何以掃天下？」陳蕃聽後無言以對，但是卻改掉了「一屋不掃」的習慣，後來終成大器。

陳蕃勵志「掃天下」的遠大志向值得我們學習，但是他還沒意識到「掃天下」要從「掃一屋」開始的，「掃天下」包含了「掃一屋」，而「一屋不掃」必然不能實現「掃天下」理想的。一個人連屋子都不願意掃的人，很難讓人相信他有能力「掃天下」。任何事情都有一個由小到大的過程，日積月累，聚沙成塔，集腋成裘。

歌德也說過：「把握住現在的機會，從現在開始做起。只有勇敢的人才會富有實力、能力和魅力。因此，只要做下去，在做的過程中，你的心態就會越來越成熟。能夠有開始的話，那麼，不久以後，你的工作就可以順利完成了。」

現在就做，馬上就落實。人要學會的不是去設想還有明天，而是要將今天抓在手心裡，將現在作為落實的起點，這樣才能更好落實細節。如果我們不能堅持這一原則，那麼將得不到任何提升，當然也不會達到企業的要求。

【落實箴言】

細節到位，才能真正落實到位，一個小小的細節失誤很可能毀掉整個大好局面。

事無鉅細，工作之中無小事

在工作中，大事需要落實到位，小事同樣也要落實到位，並且還要不折不扣落實。因為，很多大事情，落實到具體的工作中，都是由無數件小事構成的。如果我們小事落實不到位，大事也就無法完成。要知道，任何大的方針政策真正要落到實處，就需要把一件件小事做好。因此，要想做想一個落實型的員工，就要腳踏實地從小事做起。

西元一八六三年，洛克菲勒創建的美國標準石油，在他的領導下，僅用了幾年時間，公司迅速崛起，成為了當時世界上最大的石油公司。洛克菲勒一手譜寫的神話並非出於偶然，這和他的經營理念和營運方法以及識人和用人都有著很大的關係。

洛克菲勒在生產石油的同時，身兼經銷商的身分，當時，每桶石油的價格是四美元，由公司的銷售人員負責推銷，其中有一名毫不起眼的銷售員叫阿基勃特。他對工作的盡心盡力可以說達到了苛刻的地步，不論是出差、購物、吃飯、住宿甚至給朋友寫信，只要有簽名的機會，都會寫上「每桶四美元的標準石油」字樣。時間久了，同事們甚至都不叫他的名字，直呼他為「四美元先生。」

後來，人們對阿基勃特的這種行為早已習以為常，甚至連阿基勃特本人也把這種行為當成生活中的一部分了。

四年後的一天，洛克菲勒無意之中聽說了阿基勃特的故事，對他的行為很感動，便親自找他談話，問他為什麼這麼做。阿基勃特說：「我只是按照公司的制度去落實工作。」洛克菲勒聽了點了點頭，又問：「你覺得在工作之餘，還有義務為公司做宣傳嗎？」阿基勃特反問自己的老闆：「為什麼不能呢？難道下了班之後，我就不是公司的一員嗎？我多寫一次也就意味著會多一個人知道我們公司。」

阿基勃特簡單的回答讓洛克菲勒感到很滿意，但是並未表露出來，只是讓他先去工作。但是，至此以後，洛克菲勒有意從各方面培養他，使他快熟熟悉公司更多的業務。

五年之後，洛克菲勒感到自己不再年輕，繼續擔任公司董事長會有些力不從心，他決心將董事長的職位交給阿基勃特，並未任命自己的兒子。洛克菲勒這個決定顛覆了所有的人子承父業的傳統想法，就連阿基勃特自己都很難相信。

其實，仔細想想，人們或許就可以理解，一個時刻關注公司命運的人，老闆自然會信賴；一個注重把小事落實到位的人，老闆自然會將更重要的任務交給他。而事實也證明，洛克菲勒果然沒看錯人，阿基勃特在接任董事長後，更加用心經營公司，大大增強了美國標準石油公司的實力。

當然，把工作中的小事做好，僅僅是一種態度和責任，還有很多人就是因為事小而不願去做，或抱有一種輕視的態度，這樣的結果必然會給公司帶來不可估量的損失。因為千里馬失足，往往不是在崇山峻嶺，而是在柔軟的青草地。

希爾頓飯店的創始人、世界旅館業之王希爾頓就是一個注重「小事」的人。希爾頓要求他的員工：「千萬不要把我們心裡的煩惱擺在臉上！無論飯店本身遭遇到多大的困難，希爾頓服務員臉上的微笑永遠是顧客的陽光。」正是這永遠的微笑，讓希爾頓飯店遍布世界各地。

速食鉅子麥當勞公司，也非常注重對員工「小事」意識的培養。當新員工進入麥當勞公司時，都會得到這樣的勸告：「工作中的每一件事都值得你們去做，包括那些細小的事，你們不但要做，而且要非常用心去做。因為成功往往都是從點滴的小事開始的，甚至是很多細小入微的地方。」麥當勞公司如此強調工作中「小事」的重要性，是有一定原因的，麥當勞曾經由於一名員工的微小疏忽而造成過巨大損失。

在一九九四年第十五屆世界盃足球賽上，麥當勞公司想抓住這次商機，大顯身手。一位策劃人員向公司提出自己的建議，並得到了公司的認可。這名策劃人員便和其他同事緊鑼密鼓、加班進行各方面工作的準備。他們透過精心製作，將二十四個國家國旗印在食品包裝袋上，準備在開賽期間將其派發給觀眾。原以為這項創意必將受到各國球迷消費者的歡迎，但出乎意料的是，結果並沒有他們想的那樣。原來，在沙烏地阿拉伯的國旗上有一段古蘭經文，在阿拉伯人看來，使用後的包裝袋油汙不堪，往往被揉成一團，丟進垃圾桶，這被認為是對伊斯蘭教的不尊重，甚至是對《古蘭經》的玷汙，因此這個包裝袋受到阿拉伯人的抗議。

面對嚴厲的抗議，麥當勞只好收回了所有的包裝袋，於是，一次花費不菲的行動就這樣泡湯了。麥當勞公司坐了一回冷板凳。負責策劃的人員也因此事不得不引咎辭職。

由此可見，小事往往牽連大事，關係全面。在日常工作中，常常是因事「小」而不加重視，掉以輕心；因事「細」而常常使人感到繁瑣，不屑一顧。但就是這些小事和細節，往往是工作進展的關鍵和突破口。

麥當勞公司的這次失誤正是由於忽略了小事、小節才釀成了大錯，最終使企業蒙受巨大損失，員工個人也因此喪失個人發展的平台和機遇。

世界首富比爾．蓋茲也曾這樣告誡進入微軟的新員工：「剛畢業的你，不會一年賺四萬美元，也不會成為一個公司的副總裁，不會有一部裝有電話的汽車，直到你將此職位和汽車都賺到手。從小事做起吧，年輕人，不要成為『懷才不遇』的悲劇人物。」

千里之行，始於足下。任何一座宏偉的建築都是由一磚一瓦堆砌而成的，同樣，工作的落實也是從這一點一滴的累積中獲得的。把每一件簡單的事做好就是不簡單，把每一件平凡的事做好就是不平凡。

總之，工作之中無小事，每一件小事都可以算做是大事。工作中的每一件事都值得我們去做，包括那些非常細小的事，我們不但要做，而且應該用心去做，全力以赴去做，這樣才能成為一個合格的落實型員工。

【落實箴言】

落實工作，必須擁有從小事做起的心態，沒有這樣的心態，就不會成為一個合格的員工。

不要忽略看似無足輕重的細節

在工作中，沒有任何一件事情，小到可以被拋棄；沒有任何一個細節，細到應該被忽略。人們總是願意去關注那些大的事情、大的問題，而不願去關心那些無足輕重的小事，認為它們太「小」，完全沒有必要在這上面耗費太多的精力和時間。殊不知，小問題容易出現大紕漏。一個不起眼的小細節有可能會葬送一個人前途，因此，對一些事情是否能認真處理，也昭示著成功的大小。小事雖然，離做大事也很遙遠，但是，只要我們認認真真把小事做好、做細、做實，那麼，我們就是在向大事業一步步邁進，成功也就離我們不遠了。

一家外商剛剛建立，開始營運，招聘了一大批員工，員工每天的工作任務就是：拆應聘信，然後翻譯成中文，交給外國主管看；然後再拆應聘信，再翻譯。除了工作量大之外，而且枯燥乏味，白天忙得團團轉，有時候，晚上做夢還會重複白天的動作。很多人以為進了外商，就意味著各方面條件都會非常好，沒想到天天做一些小學生都不願意做的工作，空氣中充斥這鬱悶和不耐煩的味道。剛來的小麗也是做著同樣的工作，但她從來沒有有焦躁過，只是心平氣和，認真仔細去做。

一個月後，小麗就被提拔為人事部經理。主管給出的升遷的理由是：一個知名大學的畢業生，能靜心坐下來，每天重複一個簡單的拆信工作，並在上百封信中，能仔細篩選出有價值的資訊，然後推薦給外國主管，充分展示了她在人事管理的才能。主管認為：能把這種小事做到如此完美，其他的事情一定也能做得很好。

小麗成為同時進公司的人當中第一個升遷者，升遷的原因並不是她多有才華，能力有多強，更多原因是她能把小事情做到了完美，這是才是她脫穎而出的最大原因。

在日常工作中，同樣是做一件事，可是不同的人會有不同的體會和成就。不注重細節的人做事敷衍、馬虎，不過是在工作中混時間；而那些連微乎其微的細節都注重的人，註定會比別人先成功。

在職場上，大錯誤或許會引起人們足夠的重視，但遇到小錯誤人們往往會麻痺大意，一帶而過。實際上，只要是錯誤我們就應該注意，往往小錯誤更容易造成大損失。作為員工，要想出類拔萃，就應對細節更加留意。

有一天，一位中年婦女從福特汽車銷售店出來後，表情很不自然，她走進了吉拉德的汽車展銷室。她對吉拉德說：「我一直很想買一輛白色的福特車，就像我表姐開的那輛，但是福特車行讓我等一個小時後再去，所以我先到這裡來看看。」

吉拉德微笑著說：「夫人，歡迎您來看我們的車。」這位婦女興奮告訴他：「因為今天是我五十五歲生日，所以我想買一輛白色的福特車，作為送給自己的生日禮物。」吉拉德熱情祝賀道：「夫人，祝您生日快樂！」然後，他向身邊的助手輕聲交代了幾句。

吉拉德帶著這位夫人從一輛輛新車面前慢慢走過去，邊看邊介紹。來到一輛雪佛蘭車前時，他說：「夫人，您對白色情有獨鍾，瞧這輛雙門式轎車，也是白色的。」就在這個時候，那位助手走了進來，把一束玫瑰花交給他。吉拉德把這束漂亮的鮮花送給了那位中年婦女，並再次祝她生日快樂。

那位婦女感動得熱淚盈眶，非常激動說：「先生，太感謝您了！已經很久沒有人給我送過禮物。剛才那位福特車的推銷商看到我開著一輛舊車，肯定以為我買不起新車，所以在我提出要看一下車時，他就推辭說需要出去收一筆帳，我只好到您這裡來等他。現在仔細想想，不一定非得買它不可，雪佛蘭跟福特也差不多。」就這樣，這位婦女在吉拉德這裡買了一輛白色的雪佛蘭轎車。

那位婦女原本只想買福特車，可由於吉拉德對於細節的重視，一束玫瑰打動了那位婦女，最終使她改變主意，轉買雪佛蘭轎車。可見，注重微乎其微的細節，正是吉拉德成為佼佼者的原因。

「海不擇細流，故能成其大；山不拒細壤，方能就其高。」說的就是細小事物的巨大力量。然而，依舊有許多人不明白這個道理，總是不關注小事和事物的細節，這往往是使他們成為優秀員工的最大障礙。

因此，要想成為一名優秀的員工，在落實上，不僅要注意細節的實施，還要注意細節的創新與突破。落實環節的創新雖然與整體方案的創新相比微乎其微，但往往正是這些微乎其微的細節，才能使整體方案更加完美。

【落實箴言】

在落實上，不僅要注意細節的實施，還要注意細節的創新與突破。

第七章　落實工作關鍵還看結果

完成任務不等於結果

在工作中，很多員工都只會強調一點：「我完成了工作任務」，但他們往往卻忽略了「工作最終的完成情況」。

其實，任務完成並不等於工作就取得了理想的結果，任何規則和程式都必須服從和服務於結果，工作要的是結果，結果是一切工作的要務。

有這樣一則故事：有三個曾是高中同學，上了大學又是同班同學，而且更為巧合是，大學畢業後，他們三人同時到一家企業上班，而他們之間唯一的差別就在於他們的薪水——馬強月薪三萬五千元，王群月薪三萬元，而張建只有兩萬五千元。

一次，白髮蒼蒼的高中老師去看他們，對他們的之間的薪水差距的很不理解，所以去問他們的經理：「他們在上學的時候，學業成績都差不多，為什麼畢業沒幾年，就會有如此大的差距？」經理說：「上學的時候，他們學的是課本的知識，而在工作職位上，他們必須付實際行動，要的是一個結果。企業對他們的要求，當然會與學校的要求有所不同，在企業，薪水就是作為衡量他們價值的標準，結果自然會有差別了。」老師聽了，依然一副不解的樣子，經理看到後說，「這樣吧，我現在叫他們去做同樣的事情，你只要看他們每個人給出答案就明白了。」

說完，經理把他們三人叫來，然後對他們說：「現在有一個任務，請你們去碼頭查一下停泊的船隻。船上水果的品質和價格，你們都要調查清楚，做一個詳細的記錄，並盡快給我答覆。」

兩個小時後，三人前後回來了。張建第一個做了彙報：「那個港口有我一個哥們，我提前一個小時打電話了，他十分願意幫我們這個忙，他說，明天一定會給我們一個詳細的調查結果的。我為了保證他能給我們最準確的資料，我準備晚上請他吃飯。」

接著，王群也把船上水果的品質、價格等詳細情況向經理作了彙報。

輪到馬強了，他先是重複彙報了船上水果的品質和價格，並且將船上最有可能盈利的貨物記錄了下來。然後他告訴經理，他已經向祕書表明了經理的這個調查目的，是在了解船上的貨物後才和貨主談判。所以，他在回來的路上，向另外幾家的詢問了相關產品的價格和品質等。此刻，經理會心對老師笑了，老師也是一副恍然大悟的樣子。

相信大家遇到這樣的情況，必然也會像那位老師一樣充滿了疑惑，但是等到測試完後，真相才為人所知。那麼，這則故事說明一個什麼道理呢？答案就是——完成任務不等於結果！

絕大數人在實際工作當中，以為自己已經很好落實了工作，但實際上都只是在完成任務，而不是在落實結果。我們要對工作任務的結果負責，對工作的價值負責，而不是一味完成任務，因為完成任務並不意味著會有好結果。

故事中的張建和王群看起來是做了他們該做的，其實，他們只是完成任務，並沒考慮到經理想要的結果，在他們看來，經理給我什麼任務，我照辦就是了，我只對任務負責。但這就是經理真正想要的結果嗎？顯然不是，他想要的結果，只有馬強做到了。

一個企業發展是否符合計畫的要求，關鍵是看結果。員工做得對不對看成果，是獎是罰也得看成果，而不是看過程，總之是要以成敗論英雄。企業並不是慈善機構，要生存，也要發展，這些都離不開最後的結果，而企業要在這結果中得到利益，沒有最終的利益，一切都是白搭。

身為一名員工，在工作中一定要樹立「結果是一切工作的要務」的工作理念，要想方設法去實現企業以及自己的目標，為企業創造效益，而不單是機械式的完成工作任務，毫不考慮工作的成效。

因此，當事情落實後，你有一千、一萬個理由都不重要，重要的是這件事情的結果。沒有結果的努力，是白費工，結果不理想，同樣也是白費工。

曾經有位頗有身分的歐洲女士來訪問，下榻一家高檔酒店。酒店以貴賓的規格接待了這位女士，她對酒店周到的服務感到非常滿意。

為了讓服務做得更到位，進一步表達酒店的心意，酒店的總經理主動提出送這位女士一件有當地特色的服裝——旗袍，並讓裁縫為她量身定做，女士非常高興，一再感謝總經理的盛情款待。

三天後，旗袍趕製完工，酒店的總經理親自將這件漂亮的絲綢旗袍送了過來。原本應是一件皆大歡喜的事，但是沒有想到，這位女士在接到旗袍後，卻面露慍色，最後才勉強收下。

更加出人意料的是，這位女士在離開酒店的時候，並沒有將那件貴重的旗袍帶走，而是將它很隨便扔在客房角落裡，就如同一件垃圾一樣。酒店的總經理對此很不理解，怎麼也弄不明白，這位女士的態度怎麼前後反差這麼大。後來經過多方打聽，才終於弄明白其中的緣由。

原來，那位女士走在街上時沒有看到穿旗袍的，而酒店餐廳裡的服務員卻都穿著旗袍，她誤以為旗袍都是服務員的專用服裝，而總經理卻送給她旗袍，那就是對自己的不尊重，所以非常生氣，臨走時乾脆將它丟在一邊。

弄清原委後，總經理頓時懊惱不已，這真是好心辦了壞事，本來是想表達自己對客人的尊重，誰知道結果恰恰相反，引起客人的誤會。

總經理的動機和出發點是好的，他卻沒有想到，自己認為好的，別人不一定就認為好；自己認為別人理所當然能夠理解的，別人未必就能理解。

如果他能事先考慮到中西方文化的差異，和那位女士進行溝通，並詳細介紹一下旗袍的歷史，這樣的誤會就完全可以避免，可惜這位總經理沒有想到這些，導致產生了不如人意的結果。

可見，出發點好，結果未必就好。只有先考慮「結果」，再衡量動機，才會達到落實到位的預期目的。

總之，如果你要成為一個優秀的落實型員工，就要記住，落實永遠都只有一個主題：落實最重要的是結果，而不僅僅是完成任務！

【落實箴言】

工作要的是結果，結果是一切工作的要務，任何規則和程序都必須服從和服務於結果。

結果是檢驗落實的尺規

在工作落實中，如果認為僅僅完成任務就行了，那麼，你永遠也落實不了。只有做出結果，才是真正的落實。如果能夠做到以結果為導向，無論完成的過程多麼艱難，最終落實的概率都會很大。

作為一名員工，在工作中一定要樹立「以結果為導向」的工作理念，要想方設法去保證工作的落實，為公司創造效益。如果是客觀的原因，那我們無能為力；如果因為我們自身的悲觀判斷就選擇放棄，那等於是自毀前程。

在美國有一個廣為流傳的故事，至今還令人津津樂道。有一年，加州爆發了淘金的熱潮。很多人認為這是一個發財的好機會，紛紛從各地奔赴加州，加入了淘金大軍。年僅十七歲的亞墨爾為了讓自己生活好過一點，不惜路途遙遠，千里迢迢到了加州這塊令人狂熱的土地。

雖然淘金的夢是美好的，但一旦有無數人做著相同的夢的時候，現實就給人們展開了殘酷的一面，隨著淘金日益的增多，加州到處都是日夜挖掘不停的淘金者，金子自然是一天比一天難淘。

又過一段時間，這些淘金者花光了所有的積蓄後，也失去了基本的生活保障。再加上當地氣候乾燥，水源奇缺，有很多淘金者都身患重病，再加上醫療條件差，致使很多人患者得不到有效的治療，帶著無限遺憾，客死他鄉。

亞墨爾雖然每天很賣力挖掘金子，但可惜得是，命運之神並沒有眷顧他這個年僅最小的人，他和大多數人一樣，沒挖掘到任何一塊黃金，反而飽受饑渴的折磨。

一天，日漸消瘦的亞墨爾愁眉不展的望著水袋中最後一點水，側耳傾聽著其他的人的對缺水的抱怨，他忽然突發奇想：想要淘到金子簡直比登天還難，我還不如賣水呢！

說做就做！亞墨爾一掃往日淘金失敗的陰霾，將手中用來淘金的工具變換成了挖水渠鐵鍬。挖了一個儲存水的池子，將遠方的河水透過水渠引到水池中，然後透過一系列的過濾，就變成了清涼可口的飲用水。以後日子，亞墨爾就背著水，一壺一壺賣給淘金者。

當時有很多人看到亞墨爾的做法，都嘲笑他小小年僅就胸無大志：千里迢迢跑到加州，不挖金子賺大錢，卻做起了這種人人不屑做的工作，而且賣水到哪不能賣，非要到這賣？

但是亞墨爾聽了這些打擊的話，並沒有在意，仍然一如既往賣他的水。結果，寒冬來臨後，大多數淘金者都不得不垂頭喪氣打道回府的時候，而亞墨爾卻依靠賣水淨賺了幾千美元，這在當時是一筆鉅款了。

在追逐落實主要目標的過程中，會衍生出很多次要目標和機遇，當大家都在哄搶第一目標的時候，我們去落實第二落點也不是明智之舉。同樣的道理，這也揭示了職場中的一個基本道理：落實一定要有結果。

在工作中，很多員工只知道去完成工作任務，卻不重視工作的最終完成情況。他們也在努力工作，早上唱著「早起的鳥兒有蟲吃」去上班，晚上還自覺主動加班，耗費驚人的時間和精力來做工作，最後卻出現投入巨大但效果不佳、意義不大乃至做出錯誤的事情。如果工作中以結果為導向，那麼這樣的局面就不會出現。因為有了預期的結果，工作起來就會有明確的目標，就會靈活應變，行動迅速。過程是為結果服務的，沒有結果，過程自然就失去了意義。只有先考慮了結果的要求，才能做到以結果為導向，否則就只能是一句空話。

一個員工工作是否落實到位，就看他是否遵循從結果為導向的要求。那麼，應該如何以結果為導向呢？應做好以下幾點：

■要有一個結果性目標

結果性目標是以結果為導向的一個重大要素，如果能把這個目標寫成書面的一個承諾，結果是最好的。這種做法體現了員工對自身一種比較嚴格的要求，就算不能在預定時間完成任務，至少差距能夠一目了然。

■站在結果的角度去思考問題

站在結果的角度思考問題是以結果為導向核心強調的一點。因為只有先考慮結果的要求，才能做到以結果為導向，不然就是一句空話。具體來說，「結果導向」包括以下內容：以達成的目標為原則；以完成的結果為標準；在具體結果面前，只有成功，或者失敗；在結果導向面前，不要輕易放棄，因為放棄就意味著失敗；在目標面前沒有體諒和同情可言，所有的結果只有一個——是或者否；在工作和目標面前，沒有「人性」可言，因此再大的困難也不能退縮。

■動起來是前提

作為一名員工，有時不能只求完美，要真正落實，先讓自己動起來。例如：讓你負責一個組裝的專案，如果某個環節缺少一樣東西，在這種情況下，語言描述哪裡缺了什麼東西是很難說明問題的，最好透過結果導向，直接來分配、組裝，完整演示一遍。很多專案都需要採用實實在在演示這種方式，其實這也是結果導向的一種思維方式。

■做事不要過於追求完美

工作永遠不可能達到完美的境地，只有做得更好，沒有最好。在這種情況下，如果再去追求完美，就等於拖延了整個時間進度。對於公司來說，很多情況下按時拿出結果，比拖延時間拿出一個更好的、所謂的完美結果來得更重要。當然，這並不是說我們不要完美甚至排斥完美，這只是特殊情況下的特殊策略。

總之，落實不僅僅是完成任務，而是追求結果。我們真正需要的是結果而不是行為，結果是目標，行為是手段。追求結果，這永遠是落實的根本主題。

【落實箴言】

在實際工作中，結果永遠是第一位的，要想有所成就，不僅要認真盡責，還要以結果為導向，時刻檢查自己的工作結果，直到比預期還好。

苦勞不是價值，功勞才是

在當今企業中，有很多員工都存在這樣的想法：當老闆交代的任務沒有成功完成的時候，就會產生「沒有功勞也有苦勞」的想法，覺得老闆應該諒解自己的難處，應該考慮自己的努力因素。工作中，我們也經常會聽到這樣一句話：「我沒有功勞也有苦勞。」尤其是那些能力不夠、對待工作又沒有盡力的人，這句話常被他們用來安慰自己，也常成為他們抱怨的藉口。

一項工作，在他們看來，只要做了，不論有沒有結果，都應該算績效。其實，沒有功勞的所謂苦勞根本毫無價值，不但消耗了自己的時間，還浪費了公司的資源。

客戶只認效率，公司只認功勞。公司必須見到成效，員工只能拿出業績。如果一家企業生產的產品品質不好，不可能說這種產品雖然品質不好，但也是透過企業員工千辛萬苦製造出來的，顧客就將就著買去吧，這個道理每個人都懂。

在工作中，不要告訴別人你有多辛苦，你有多努力，而要說自己做成了什麼事。意思也就是：不僅要落實，更要落實成功，只有做成事才是關鍵。

老陳一直是一名普通的財務人員，經過數十年的努力，終於坐上單位財務部門總監的位置，享受著優厚的薪水和福利待遇。在公司，老陳屬於老員工了，論資歷幾乎沒人能和他相比，這也就養成了他自以為是、目中無人的習慣。

後來，隨著單位發展步伐的逐步加快，公司陸陸續續招進一批新人，財務部也招進一個知名財經大學的畢業生。為了讓新員工盡快適應工作職位，老闆要求老員工要盡量幫助新人。老陳身為老員工，又是財務部的負責人，在新人初到的時候，也答應說要多幫助這位新來的員工。

不過，老陳很快就感到了一種壓力，因為這個新員工工作能力極強，除了懂財務、行銷、外語和電腦，還曾經獲得珠算大賽的大獎，可謂是才華橫溢。兩人相比之下，老陳除了資歷以外，基本上沒有什麼能夠與這位新員工相比的。有時候自己還得向這位新員工請教一些問題，就更別提幫助人家了。

經過暗中觀察，老陳發現這名新員工年紀輕輕，但是性格柔弱內向。一番研究後，老陳對她制訂了「全面遏制」政策：處處為她設置障礙，盡量不讓她接觸核心業務，甚至連電腦也不讓她碰，還美其名曰：「專人專用。」

但那些障礙絲毫沒有難倒這位新員工，一枝筆、一把算盤，就把經她之手的帳目做得漂漂亮亮、無可挑剔。幾年來，這位新員工都忍辱負重，在工作上一絲不苟、精益求精，業績想抹殺都抹殺不了。

而老陳自己做的一些項目卻頻頻出錯。有一次，他做的一個重大項目的帳目被國稅局指責有問題，面臨懲處。公司老闆忍無可忍，便給老陳施加壓力，讓新員工參與全面的檢查。不久後，公司老闆又毅然決定，由新員工擔任公司財務總監，老陳負責內務，這也就意味著他處在了失業邊緣。

俗話說：革命不分先後，功勞卻有大小。公司需要的是能夠解決問題、勤奮工作的員工，而不是那些曾經做出過一定貢獻、現在卻跟不上公司發展步伐、自以為是、不做事的老成員。

在一個憑實力說話的年代，講究能者上庸者下，沒有哪個老闆願意拿錢去養一些無用的閒人。這是一個憑成果說話的時代，在這個時代，只有功勞，沒有苦勞。真正優秀的落實者，永遠不會用「沒有功勞，也有苦勞」為自己找藉口，推卸責任。

哈德良是羅馬帝國五賢帝之一，他不僅是一位卓越的政治家，也是一位博古通今的學者，深諳用人之道。當時，哈德良手下有一員猛將，跟隨他多年，為他南征北戰、出生入死，付出了不少血汗。一次，這位將軍對哈德良說：「尊敬的陛下，我覺得我可以帶領軍隊鎮守一方了，因為我跟隨您參加了多數重要戰役，經歷過最殘酷的考驗，我覺得我作戰經驗豐富，完全可以擔任如此大任。」

哈德良皇帝很了解這位將軍，雖然驍勇善戰，取敵方首級如探囊取物，但是卻沒有統帥之才，只能作戰於前線，不懂謀略之道。但是哈德良沒有拒絕，也沒有答應，只是帶著他到了一塊開闊的草地上。草地上有數十頭驢子在吃草。哈德良指著驢子，意味深長說：「將軍，你看這些驢子，牠們征戰沙場不比你我少吧？但牠們仍舊是驢子。」

在皇帝看來，這位將軍雖然忠心耿耿，征戰沙場數十年，但大多數是苦勞，沒有多少功勞。資歷和作戰經驗雖然很重要，但這並不是衡量能力大小的標準。同樣，這和員工在公司工作是一個道理。

說到這，也許人就會忿忿不平：「為什麼強調的只是員工功勞，卻對苦勞隻字不提？這就引發出一個新問題——公司和員工最本質的關係是什麼？是一種雇用關係，是在商業和利益上交換的關心，老闆之所以雇用你，是覺得你能為公司創造價值，花錢買你的才能為公司創造的利潤，很自然，老闆付你薪水和酬勞，目的就是要看到你創造的結果和價值。

所以作為一名員工應該牢記，公司追求的是結果，也就是員工的勞動結果，而不是所謂的苦勞！你的努力過程是沒有價值的，只有努力的結果才有價值。簡而言之，沒有功勞的苦勞是毫無價值的！

【落實箴言】

任何企業和老闆最看重的都是員工能給企業帶來的實際效益，他們更在乎結果，不在乎過程，對所謂的苦勞並沒有太多的興趣。

努力工作，為生命增加份量

在工作中，對於老闆交代的任務，光說不做，只會被套上「誇誇其談」的標籤，還會影響個人發展。一個落實型的員工必須懂得用行動和業績來證明自己的能力，而不僅僅是嘴上的吹噓。

一個企業的生存之本就是業績，所有企業營運的最終目的都是獲得盈利。這是企業生存的根本。因而，每個企業都將注重業績作為自己文化的重要組成部分。對於員工來說，最能證明自己工作能力、體現個人價值的就是工作業績。

因此，要想成為受公司歡迎的落實型員工，就必須用自己的成績去證明自己的能力和價值，必須對企業的發展有貢獻，這樣企業才會重用你，主管才會賞識你。

比爾．蓋茲的第一任祕書離職後，很難再找到另一個女祕書，因為誰都不願意為當年才二十一歲的蓋茲當祕書，更何況，他的公司才剛剛創立，是否能發出薪資還是一個未知數。但這時候，露寶走進了蓋茲的身邊。露寶到微軟工作時，已經是四十多歲了，並且還是四個孩子的母親。當丈夫知道露寶要去給蓋茲當祕書，極力勸阻，他不相信一個剛滿二十一歲的小夥子能做出什麼大事。但露寶並沒有將丈夫的話放在心上，她只是想：在這個年紀就開始創建公司，的確很有趣，想必遇到的困難也不少吧！

露寶的角色轉換能力很強。從蓋茲公司的第一天起，她就以一個成熟女性的角度和視角，主動承擔娃娃公司所有應盡的責任與義務。別看蓋茲當年年紀小，但是他的行為總有一股鶴立獨行的感覺。他通常是當年下午開始工作，一直工作到深夜，每週七天，從未間斷。於是，露寶主動關心起了蓋茲在辦公室的飲食起居，這已經成了露寶日常工作中的一項。這讓蓋茲深深感受到了一種母性的關懷和溫暖，讓他有了一種家的感覺。

露寶在工作上也是盡心盡力，十分老練穩重。微軟公司離機場只有十幾分鐘的路程，所以，當蓋茲出差之前，為了不讓工作帶給他太多壓力，他往往是在辦公室處理到事情的最後時刻才開車去機場。這樣一來時間就顯得緊張起來，為了不耽誤行程，他沿途不斷超車，甚至闖紅燈。露寶看到蓋茲的這種行為，十分為他的安全擔心，所有她要求蓋茲每次出差前，預留二十分鐘時間去機場，並且每次她都親自監督。露寶的這種「強制性」規定，讓蓋茲既感動又無奈。

露寶早就把微軟公司當了自己家，她不僅對公司的每位員工，甚至是對公司建築和設備都有著很深的感情。很自然，蓋茲對她極其信任，任命她為後勤主管，負責接待重要客戶、採購、發放薪資等工作。

在露寶的努力下，她不僅成了公司的大姐大，也是靈魂人物，她的力量影響著整個團隊的凝聚力。蓋茲和其他員工也十分依賴露寶。當蓋茲為了公司在以後能有一個更好的發展，決定遷往西雅圖，但可惜是，露寶因為孩子和丈夫都亞派克基而不能跟隨。蓋茲情深意長，臨近分別，對露寶說：「公司的大門永遠為你敞開，歡迎你隨時回來。」

兩年後的一個寒冬，因再也找不到一個左膀右臂的蓋茲在辦公室發呆，這時，一個熟悉的身影忽然站到他面前。蓋茲一抬頭，興奮的叫道：「露寶！」她為了能繼續留在微軟公司效力，舉家搬遷到了西雅圖。

隨著微軟帝國的建立，露寶在事業上也獲得了巨大的成功。

可見，努力工作並且有一定業績的人是最容易換取別人的信任，這也是一個人最大優勢和財富，它能鑄就一番事業的偉大與輝煌。

所以，對於員工來說，工作必須以業績為導向，用結果來說話。優秀員工的顯著標誌就是業績。但是，出色的業績絕不是口頭上說說就能做到的。要吃櫻桃先種樹，要想收穫先付出。出色的業績需要我們在工作的每一個階段，找出更有效率的方法；在工作的每一個層面，找到提升自己工作業績的中心環節。以下幾種簡單的方法能幫你提升業績：

■建立良好的人際關係

在一家企業裡，你是否能夠提升業績，除了自己的工作能力外，與自己的人際關係也有著很大的關係。當今社會是一個以交際為主的社會，辦事能力同人緣離不開。人緣好的人，在社會上的形象就好，人們對他的評價也高，找人辦事也容易得到同情、支持、理解、信任和幫助。所以，在你提升業績的計畫中，一定要考慮到你的人緣因素，根據人緣的好壞程度決定自己實現哪一個目標。

■成為「做得不錯」的員工

「做得不錯」不僅僅指責力，同時還包含著對其達到預期業績能力的肯定。在現代企業中，光有工作熱情或踏實的是遠遠不夠的，還必須有完成工作、達到預期目標的能力。

事實上，的確如此。「他沒有其他的特長，不過很老實」「那個人很老實，你就用他吧」，諸如此類的推薦語，如今已很難讓人接受。同情、支持、誠實並不是技能。如果認為一個誠實的人就可以看守保險櫃，那就錯了。

有一種觀點認為，讓一個小偷看保險櫃是最理想的安排。

■按時完成工作

有這樣一句話：「向效率要時間」，也就是說，較高的工作效率可以爭取到較多的時間；相反，浪費或者不善於安排時間，會出現工作效率低下的現象。可見，時間與效率是相輔相成的。因此，要想在工作中做出成績，就要提高自己的工作效率，按時完成工作。

【落實箴言】

作為員工，要懂得用行動和業績來證明自己的能力，而不僅僅是嘴上的誇誇其談。

提高專業知識，讓落實趨於完美

隨著社會的發展，各行各業的分工越來越細。根據統計，目前存在將近兩千種職業，並且還有逐年增加的趨勢。而分工越來越細，專業化程度越來越高，就使得每一個行業對那些擁有專業技能、掌握先進技術的人才求賢若渴。而落實工作恰恰要的就是敬業的員工。

如果你現在能夠從事某一方面的專業工作，那麼在這一方面好好鑽研就是最好的提升辦法，提升到別人無法達到的地步，那麼你就很快能把工作落實到位，並且完美落實。

在計程車行業裡，有些計程車司機平均月收入總是比別的司機多幾倍，這讓同行充滿了羨慕和妒忌。大家同時出車，同在一個城市拉活，又同時收車，差別為什麼這麼大呢？原來，這位司機的收入之所以是別人的幾倍，那是因為他更職業化了他的工作。

他會根據每天的天氣、上下班時間、用餐時間、星期天等多種因素，制定一個詳細的行車路線。比如星期一到星期五的早晨，他會先去民生東路，那裡都是一些比較高級的社區，搭車上班的人也比較多。九點鐘的時候，他會在各大飯店來回穿梭，這個時間多數人已經吃過早餐，出差辦事和遊玩的人都該出發了，由於乘客對環境不熟悉，所以計程車是最多也是最佳的選擇。

午餐前，他會等在一些大型的辦公大樓旁邊，這個時間裡有很多上班族要外出吃飯，又因為中午休息的時間較短，這些人為了方便快捷，多數都會搭乘計程車。午餐過後，他又會等在餐廳比較密集的街區，因為剛吃完飯的人，著急趕回公司上班。

下午兩點左右，他則在銀行附近徘徊，扣掉一半是存錢的人，還是有一半是領錢的人，這些人因為攜帶大量現金，為了安全起見，一般不會去搭公車或走路，大多數會選擇搭計程車，所以載客的機率比較高。

下午六點鐘，是下班的高峰期，市區開始塞車，他便去機場、火車站或者郊區搭載乘客。

晚餐後，他會去那些生意較好的大飯店，接送那些喝酒吃飯的，然後，他自己吃飯、休息一會，接著等在夜店等休閒娛樂場所門口……

這位計程車司機也是千千萬萬的司機大哥中普通的一員，但是他卻懂得尊重和願意投入這份工作，然後盡心盡力去做，最終產生了最大效益與回報。可見，只要精通一項工作，只要你做得比所有人都好，那麼，你最終就能在此方面有所成就，並且也會有不菲的回報。

作為員工要明白，老闆之所以付薪水給你，是因為你的某種能力是老闆所需要的。同樣，你在別人的眼裡是優秀的，也是因為你在某一方面被別人需求。一個人所能取得成就的大小取決於被其他人需求的程度。倘若世界上每一個人都需要你，那麼你就是世界上最偉大的、最不可或缺的人。

蔣麗在大學畢業後去了一家研究所工作，該研究所裡很多成員學歷都比她高，然而他們並不太敬業，對本職工作也大都應付了事，有閒暇不是玩樂就是在兼職。研究所的工作進展緩慢，很長時間都沒有什麼成果。

蔣麗並沒有隨波逐流，而是扎扎實實工作，刻苦鑽研業務。當別人都出去吃喝玩樂的時候，她還在辦公室裡冥思苦想，在實驗室裡親手做實驗。皇天不負有心人，她的研究終於出了成果，不僅發表了幾篇很有影響力的論文，還成功申請到更多的專案和基金。沒幾年，她就在員工中脫穎而出，成為所裡的核心人物「」。幾十年後又當上了副所長，在事業上前途無量。

作為一名普通的員工，大家似乎都覺得只要完成了老闆交付的任務就可以了，沒有必要想那麼多，更沒有必要把自己的業餘時間拿出來、花多餘的精力去做那些沒有報酬、老闆看不到的事情。這時候，如果你能不隨波逐流，多動腦子，多鑽研業務，總有一天你的努力不會白費。因為，老闆對所有員工的表現都是看在眼裡的，你從碌碌無為的員工中脫穎而出，當然會引起老闆的賞識，最終獲得更多的回報。

不同的員工有不同的能力，重要的不是你具備哪種能力，而是要看你的能力是否足夠專業。在企業裡，要讓自己變得不可或缺，也就是要使自己變成企業發展的必需品，要看你的技能是否專業、精湛。

「因紐特人原則」就是針對專業技能來說的。如果你在某雜誌上看到一篇有關因紐特人的文章，仔細讀過之後，對因紐特人的了解就會比其他人要知道的多一些。如果你再到圖書館或網路搜尋，把所有關於因紐特人的資料都研究，你就知道得更多。如果你去北極因紐特人的居住地繼續研究，你就會比任何一個人都知道得多。

這條原則告訴我們：不要害怕你選擇了一個比較狹小專一的課題，只要你能夠反覆鑽研下去，就會成為這方面的專家。也就是說，只要你在某個狹小的領域內比別人知道得多，那麼你就是這個領域的權威。進一步來說，如果你在這個狹小的領域做得比別人更好，那麼，你將是這個領域的最大獲利者。

英國的柯爾律治說：「從無知到有知總不是一蹴而就的，它需要經過一個朦朧的過程，甚至像從黑夜進入白晝要經過拂曉一樣。」同樣，技術也不是一蹴而就的，它也需要一段艱苦的學習過程。

總之，落實工作所需要的是專業技能優秀的員工。所以，員工要把專業技能作為自己工作的目標，注重結果，不斷激勵自己提高自身素質，這樣才能將工作做得盡善盡美。

【落實箴言】

要想工作落實到位，就必須在自己的專業技能上有過硬的本領。

第八章　落實工作要有制度為前提

制度是落實的基礎

有一種說法在西方很流行：「總統是靠不住的，唯一可靠的是制度。」管理學家曾經做過這樣一個設想：假如一架飛機不幸失事，甲、乙兩公司的老闆都在飛機上，並且不幸兩位老闆都遇難。事後，甲公司呈群龍無首狀態，很多工作都無法得到落實，公司內部一片混亂；而乙公司卻沒有受到太大影響，公司秩序井然。

造成兩公司差異如此之大的一個重要原因，就是乙公司具備一套完備而系統的管理制度，從而使各項工作都得到落實，公司自然不會出現太大問題。由此可以看出，如果沒有完善的制度，就往往容易陷入「人走混亂」的循環。

落實要靠制度做保障，沒有制度，工作很難得到落實。因此，作為員工，一定要養成制度意識，嚴格遵守企業的規章制度，這樣才能使工作很好得到落實。雖然在企業的管理過程中，「理」要比「管」重要，但不等於不需要「管」，「管」要學會剛柔並濟，不露痕跡，使人心悅誠服。

被人們稱為石油怪傑的保羅．蓋蒂，和父親聯手開採石油，不到二十四歲就賺得盆滿缽滿，成為了當時最年輕的百萬富翁。這個富有傳奇色彩的人物，從小學業就很差，大學畢業證書也是父親透過關係拿到的。但就是這麼一位備受爭議人物，年紀輕輕非常精通管理之道，這是他能夠成為當時美國首富的原因。

一次，保羅．蓋蒂去巡視自己的油田，看著高聳入雲勘探石油的油井，巍峨雄壯；源源不斷從地下冒出黑色的石油，好似金幣的源頭，生生不息、永不枯竭。保羅想像著這僅僅是原始階段，未來，我要組建一個石油帝國，買世界上最大的船艦，將石油輸向世界各地。

但是，保羅再往裡走的時候，忽然鐵青著臉，嘴裡不斷咒罵著。美好的想像早就被拋到九霄雲外去了。原來，他竟然在自己油田上發現了有偷懶的人，更有甚者，還抽菸、閒聊。工人們見了保羅，驚慌失措。

「該死的！」保羅罵道，隨即找來工頭，解雇了幾個工人。果斷、決絕，不留商量餘地，也不給求情的機會。殺雞儆猴。保羅果然聰明。

但是，最令人措手不及的是，下次去巡視的時候，事態更為嚴重了。有的工人工作的時候，發現公然浪費原料。工人是世界上最團結的群體，一旦被激怒了，總會伺機報復，他們才不管你是什麼老闆呢！

保羅忽然明白了。他默不作聲，轉身走了。背後，留下工人一連串勝利的偷笑。

但沒過幾天，保羅又來了。這次他手中多了幾頁薄薄的紙，召集所有工人，交紙於工頭，大聲宣讀。從此以後，油田的工地上偷懶的人了無蹤跡，原料也是一份當兩份利用，由此，產量增加，油田一副欣欣向榮。保羅後來實現了自己的理想，他終究還是贏家。

而那張紙上只寫了這麼一句話：「從今天起，油田交給各位經營管理，效益的百分之二十五的利潤由各位全權支配，然後是具體細則，細化到每一個工人頭上。

道家的「無為而治」穿過千年歲月，透過層層阻隔，由保羅做了一個史無前例、最精準的詮釋。管理藝術的最高境界並非是重塑、改造人性，而是不露聲色利用人性，自私、虛偽、狂妄、貪財皆能為我所用。但是要想用好，以及把握好這個尺度，必須有一個詳細制度為前提。

制度是落實工作的重要保障，規範操作則是提高員工落實力及企業運行效率最根本的手段。員工如何規範操作，提高自己的落實力，這需要有合理的規章制度。只有適合企業文化的規章制度，才能有效保證員工對各項工作的落實。因而，在制訂合理規章制度時，應遵循以下幾個基本原則：

■制度要嚴謹

有些企業經常是隨口說一些規定和制度，這樣做很不嚴謹，也非常不科學，最重要的是極大破壞了團隊規章制度的權威性。制度一旦正式頒布，就應該堅定落實下去。倘若對違反者採取不理會、不懲罰的態度，那就是對規章制度的藐視和破壞。如果有章不循，制度形同虛設，工作落實也就無從談起。

■制度不是孤立存在的

規章制度不是孤立存在的，它是存在於企業文化這個大範疇之內的一個小系統，在落實過程中，它要能與其他的系統相和諧。

■執行制度要公平、公正

制度得到落實的根本是遵循公平、公正原則。有員工違反制度而不受懲罰，就是對其他員工的不平等和不公正，這樣的制度本身就是無力而虛設的。只有在制度落實上表現出公平、公正，才更能顯出制度的嚴肅性。

■制度必須具有可行性

制度不應像海市蜃樓那樣只供觀看，而應是可行和可操作的，無法落實的條文和規定必須立即廢止。因為它在實際情況中如果不能落實，就會對規章制度的權威性造成極大影響，制度的落實要讓每位員工感受到遵守它就必須付出努力，從而改掉散漫的作風。

■制度要有一定彈性

沒有一個規定能夠精確限定一種事物，制度也同樣如此，所以制度應具有一定的張力和彈性。但是這種彈性不宜過大，否則，制度就變會成紙上談兵。要明確制度上量的尺度和質的依據，使具體操作過程變得容易些，可避免落實時的走樣和變形，也可避免落實過程中的隨意性。但制度的彈性也不宜過小，那樣就會過於死板和苛刻。把握好這些原則，多準備一些，從而提高落實效率，增加解決問題的可能性。例如某公司有「超過上班時間五分鐘為遲到」的規定，彈性的體現就在這五分鐘，是考慮到在上班來的路上可能會塞車、發生意外等特殊情況而制訂的一個條款，這種彈性在無形之間體現了公司的人性化。

■制度應該是具體而細微的

制度過於籠統只會顯得不具可行性，應該明確具體的條文和細則。一些企業的制度無法落實的教訓之一，正是因為那些制度是包羅萬象的抽象性規定，雖然內容豐富，覆蓋面廣，精神主旨正確，可一旦涉及具體問題時，就無法落實解決。例如：有的企業管理部門規定上班時間「要認真工作」，這就太過抽象，不容易具體落實。現實中，基層工作是具體的，需要有一些具體的條例和實施細則。例如只規定不准做什麼是遠遠不夠的，即使有人違背了這種制度，也不能即時追究責任。因此，還要有具體的懲罰措施，這是很多企業在制度制訂中經常忽視的一個層面。

【落實箴言】

落實要靠制度做保障，沒有制度，工作就很難得到落實。

將制度轉化為落實力

沒有制度就沒有管理，沒有簡化的管理則肯定是混亂的管理。制度必須簡潔、明瞭，使員工能夠方便獲得、理解一致、記憶深刻，進而轉化為行動。

有一天，有一位老者從菜市場出來，大包小包裝的全是菜，眼見公車來了，就朝司機揮揮手，示意等他一會。這位司機看著老人挺辛苦，動了惻隱之心，主動打開前門讓老人上的車，也省得老人拎著東西往中門走了。司機的做法很讓人感動，他考慮到老人的身體，就忘記了規定。

當老人顫巍巍拎著東西踩在前門的踏板上，正要抬手想抓住扶手上車的時候，車門突然關閉了，只聽老人慘叫一聲，被車門夾住了身體。司機也有些慌了，立即打開車門，將老人送往醫院。

發生意外的原因是因為該國公車安排乘客中門上車，前後門下車，這不僅是為了方便乘客上下車，也是由於前後門是由機械控制，在規定時間內會自動關閉，而中門則是人為控制的。司機在明確制度是情況下，沒把制度轉化為行動，所以才使老人受了傷。

一般人做事都會希望越簡單越好，越輕鬆越好，當然這也是無可厚非的，但是必須保證在一個前提下，那就是建立在遵守制度上。一個制度的制定和實行是經過不斷研究和透過實際驗證的，雖然不可能是最高效的，但一定是有效而穩定的。

對一個企業來說，道理同樣如此。企業的制度，一方面規定員工的工作內容；另一方面規定員工如何去落實工作內容的工作流程。制度對員工在什麼職位上要做什麼事情都規定得一清二楚。但如果員工在落實這些工作的時候沒有受一個客觀、合理的工作流程所引導，那麼就會被一種偏私的、任意的工作流程所影響。

如此一來，後果是無法想像的。最直接的影響就是員工的工作落實過程可能會失去監督，一旦失去監督往往就會導致腐敗。優良的工作流程，會使員工趨吉避凶；限制員工的主觀隨意性、做事的隱蔽性；加強相互監督促進，保證能力稍微欠缺的人選擇效率最好的辦法。

如果一個企業出現有制度不依、執行制度不嚴謹的情況，那就應當認真審視工作流程是否健全合理。一個最佳化的制度應當具有自我能動實施的動力和手段，而工作流程是這種動力和手段的主要來源。因此，建立合理的制度是落實的重要保障，可以讓制度轉化為行動力。沒有好的制度，落實就無從談起。要想讓制度能夠很好轉化為行動力，在制訂合理制度時，需要注意以下問題：

■真正從人出發

只有真正了解人、關心人、體貼人，才能制訂出行之有效的制度。制度是用來控制人的行為的，控制不是約束，約束含有限制的意思，而控制則完全不同。控制除了必要的限制外，還有很多的含義，如工作現場嚴禁吸菸是限制，車輛靠右行駛是共同的約定等。顯然，如果僅將制度簡單理解為約束人的行為，是錯誤的。

在設計制度時必須首先研究人，要從人的心理和趨吉避凶的本能來制約人性的弱點。很多制度的失敗就在於雖然人性中的某些弱點受到制約，但是人性的某些缺陷卻在制度中得到放大。最後造成一種現象，就是所謂的「上有政策，下有對策」。因此，制訂合理制度時必須考慮現有員工的素質水準。

■制度必須與激勵結合

獎勵越大，制度落實的效果越明顯。但是，激勵越大，在落實中所遇到的反彈必然也大，過大的激勵容易引起員工的反感。

■制度要保護絕大多數員工的利益

沒有制度是對執行制度員工的不公平，但如果制訂的制度使大多數員工利益蒙受損失，使執行制度的員工無所適從，那麼其必將帶來與追求目標相反的結果。

■ **制度要完善**

制度建設要求穩、穩中有快，同時制度建設要逐步完善，要從當前企業存在的重點問題入手，從當前馬上需要解決的問題入手，不要希望制度建設一次到位，使員工有逐步適應的過程，制度太多只能沖淡當前工作的重點，制度少一點反而有助於突出當前的重點。制度太多，員工根本記不住，面面俱到實際上是面面都不到，倒不如先做好基本的再逐步增加，先解決當前最棘手的問題，再解決長遠發展問題。

【落實箴言】

制度是各項工作順利實施的基本保障，有了制度，才能有章可循，有法可依。

落實制度才能落實目標

實現企業發展目標的首要條件就是制度，在制度建設中必須堅持這樣的原則：有制度，就要堅決落實制度；制度不合理要先落實再完善；沒有制度就要建立制度再落實。然而，在現實生活中，有很多因為制度形同虛設而導致落實出問題的案例。

有一年，某城市為了提高服務行業的服務品質，展開了一場聲勢浩大的評選活動。

有位記者接到了一個任務，去採訪一位十分重要的企業家。而這位企業家當時正住在號稱是市區最好的酒店。在這之前，這家酒店的老闆為了提高知名度而下了重本，除了不斷請講師培訓員工，還在媒體上做了不少正面宣傳，而且也參加了這次業內的評選活動，有不得頭魁誓不罷休的氣勢。

由於這位企業家行程安排的非常緊湊，沒有時間接受當面採訪，這位記者當機立斷，請求企業家在活動結束後，回酒店整理行李的時候，留出半個小時進行電話採訪。企業家很豪爽，答應了記者的請求。

到了約定的時間，這位記者準時往飯店打電話，但是總機一直沒人接。眼看著時間一分一秒過去了，這位記者著急起來。因為當時手機還沒有普及，只能透過總機轉接才能聯繫上這位企業家。但當時的情況已經沒有多餘的選擇了，這位記者只好一遍又一遍的打電話，十幾分鐘後，終於傳來一聲彬彬有禮的聲音：「您好！請問有什麼可以幫助您的嗎？」

這位記者趕緊請她接通那位企業家房間的電話，不一會，服務員就回來了，依然彬彬有禮說：「您好！您找的那位客人幾分鐘前離開了。」

聽到這話，當時就把這位記者氣得夠嗆，為了能採訪到這位企業家，他整整準備了一個星期，結果到關鍵時刻卻泡湯了。隨後，他就寫了一篇標題為「別讓『您好』貶值」的文章，將整件事情進行了報導。

報導登報後，引起了巨大的反響，那家酒店也立即對相關人員進行了嚴厲的處罰。

事後這位記者才知道酒店總機的電話為什麼沒人接聽了。原來那十幾分鐘前台服務員不在，原因是她父親從老家來看他，她將父親安頓好才返回櫃臺。

那位服務員的行為人們都可以理解，但卻不是工作的合理藉口，畢竟工作就是工作。更何況，即使有特殊情況，她也完全可以請別的同事替她值班，或者請同事去安頓她父母。

這件事情對酒店造成了很大的影響，除了沒有評選上這次的活動，聲譽也受到了很大的影響。

對酒店來說，這無疑是一個極大教訓。這家酒店一味追求一些表面化服務，將「您好」說得更好，卻忽視了一個最基本的問題，沒有去強調落實制度的重要性，最後就是因為員工對制度的落實不足夠，導致酒店的形象加倍受損。

一家企業的品牌和形象的建立，必須透過長期的信譽的累積，而要毀掉它卻輕而易舉，一個小小的疏忽便可將其毀於一旦。儘管制度明確，但沒有把制度落到實處卻是事實，最後必然會出問題。制度對企業來說是非常重要的，只有讓制度融入員工的思維裡，才能落實到員工的日常行動上。

張總在一九八四年十二月二十六日來到H集團，那時候廠裡的員工素質很低，甚至在生產線裡隨意大小便。就這個問題，張總提出「從嚴治廠」。整頓消息一傳出，廠裡的老員工立馬搬出過去的舊規章制度。而張總認為：「沒有最基本的，其他便是空的。」張總根據當時廠裡的實際情況，從當時存在的問題出發，廢掉原來的制度，只定了對H集團具有里程碑意義的「十三條」，就為H集團騰飛奠定了基礎。

其中，不准在生產線隨地大小便是這「十三條」中最主要的一條，還有「不准遲到早退」、「不准在工作時間喝酒」、「生產線內不准吸菸，違者一個菸頭五百元」等規定。另外，還有一條令人印象非常深刻，就是「不准哄搶工廠物資」。這「十三條」頒布後確實產生一些效果，可並不太大：生產線裡大便沒有了，小便依舊隨地解決，還普遍存在隨意拿公物的現象。

張總於是就問廠裡的幹部如何防止類似事件，回答是鎖起來，可是門能鎖，窗戶卻不能鎖。張總就讓幹部將這十三條制度貼在生產線大門上，並公布違規後的處理辦法，把門窗全都大開著，在周圍布置人監視，看有沒有人敢再去拿東西。沒料到第二天上午十點，就有一人大搖大擺走進生產線扛走一箱東西。兩小時後，張總讓幹部貼出布告開除了這個人，給所有人一個警告：這個新領導人是絕對嚴格的。

從H集團的問題我們可以看出，制度必須來自問題，哪裡有問題，哪裡就有制度；執行制度、檢查制度的落實情況必須認真執行。制度如果不能落實，將會造成很大的負面影響。如果員工認為制度沒用，會進而藐視制度，視制度為一張廢紙，那時企業將無法可依。

一個公司一定要使員工養成制度意識，嚴格遵守公司的規章制度，使公司的規章制度落實到位，這樣才能實現發展的目標。因為只有制度得到了執行，工作的落實才能得到保障。

但是很多公司的制度能有效執行的並不是很多，為什麼會產生有制度而無執行的現象呢？主要有以下幾個原因：

■制度脫離實際

制度的制訂並不是從問題中來，而是因傳統經驗或是照搬其他優秀企業的制度，使制度本身嚴重脫離實際。時代在迅速發展，一些傳統的東西或許已經不適合當今社會，拍腦袋制訂的制度有可能成為約束人積極性的枷鎖，而且別人的先進經驗也未必適合自己；特別是當今社會人的素質也在不斷變化，如果制度建設不能與時俱進，不能跟上企業發展、人員素質變化的腳步，制度必然是廢紙一張，成為永遠無法落實的目標。

■制度太繁瑣

有些單位為了應付上級檢查，或是為了通過 ISO 9000 認證或其他認證，依樣畫葫蘆弄了一些制度，敷衍了事，這些制度無法執行也是正常的。

中國存在很多這樣的企業，具體問到員工頭上：「你們按什麼標準工作？」員工回答：「按 ISO 9000 工作」，再多問一句「你能告訴我們 ISO 9000 有哪些具體內容嗎？」員工答：「內容非常多，然後說具體制度都在我們主管那裡。」當然，也不排除一些 ISO 9000 工作標準太多、太繁瑣的原因，從而導致員工根本記不住。

■管理者不支援，從中作梗

必須看到，制度遭到破壞，在多數情況都是緣於管理者首先帶頭破壞。

沒有與經濟利益掛鉤

制度沒有和經濟利益掛鉤，違反了制度不痛不癢、無人過問，員工當然不願執行了。因此，要使制度真正有效，制度就必須與經濟利益直接掛鉤，只有這樣才能保證制度的有效性。

■只罰不賞

制訂的制度只有懲罰沒有獎勵，這樣容易給員工造成一種消極懈怠的心理。同時，對制度的宣傳、教育不夠，員工不能真正理解制度的含義，沒有看到制度能帶來的好處，就不會去執行。

了解了制度不能得到落實的原因，就要對症下藥，保證制度的落實，只有這樣，才有使企業更好發展，員工才能獲得更大的利益。

【落實箴言】

一個公司一定要使員工養成制度意識，嚴格遵守公司的規章制度，使公司的規章制度落實到位，這樣才能實現發展的目標。

無法落實的制度是一張白紙

古人云：「沒有規矩，不成方圓。」這說明制度的重要性，但是制度再好，如果沒有人去落實，永遠毫無成效。

工作就是落實，工作的本質在於做而不在於說，對於一個員工來說，他的真正任務是去落實企業的決策、保證公司正常而有效的營運。因而，優秀的員工都是務實主義者，在落實方面親力親為。對於企業而言，缺乏落實，再完善的制度只能停留在理論層面上。

台塑董事長王永慶在是集財富和成功於一身的傳奇式的人物。他把臺灣塑膠集團推進到世界化工工業的前幾名。台塑集團之所以能取得如此輝煌的成就，是與他的管理分不開的。他制定的「午餐會制度」，為後來各大公司的管理者爭相效仿，成為了各公司的軟性制度。

只要王永慶在公司上班，中午在餐廳用餐的時候，會把某個部門的負責人叫來了解情況，比如生產線主任、倉儲主任、後勤主任，按照分工和職務，每天一個人。來回報人的人都是提前兩個月通知，有的是王永慶依照點名，有的是由管理部決定人選，聽彙報的除了王永慶，還有公司所有的高階主管。

比如這次來做彙報的是生產線主任，公司會提前兩個月通知他準備。因為平日裡不容易見到這位公司最高領導人，這次有機會見到，肯定是既緊張又興奮。所以，這個主任會在這兩個月時間，帶領員工不斷改進，希望用最好的成績彙報給王永慶。

到了那天，這位主任會提前吃完飯，然後進行彙報。彙報的過程中王永慶一般不會打斷，他的記憶能力很強，等一一記好之後，開始向彙報人提問題，一直問到對方汗如雨下，答不出來為止。

旁聽者也有權發問，如果發現彙報的人在某一方面工作有問題，王永慶當即徵求在座高階主管的意見，商討如何去改善，一直將這個問題討論出結果，制定新的制度，立即重新頒布。如果這個生產線主任工作做得非常優秀，王永慶則會認為全集團都應該如此，然後馬上下達命令，由總管處將他的做法編入集團制度手冊，公布給全集團人員，推廣使用。王永慶是從基層一步步走過來的，他知道基層的一切，所以他養成了一個工作習慣，那就是必須及時了解基層第一線的真實情況。同時，他能夠立即總結經驗教訓，讓所有的人都能馬上理解會議精神。

這個制度在台塑集團實行了幾十年。大家想想，一年中的一多半午餐時間都用來開午餐會，這樣一年下來，就能聽二三百個單位彙報，再堅持實行幾十年，可想而知，這個制度對台塑集團內部管理的提升是具有至關重要的作用。王永慶就用這種方法對基層第一線的情況瞭若指掌，什麼事情也瞞不了他。在他的帶動下，台塑集團旗下各個分公司的老總和各事業部的主管也建立了午餐制度。

有一位集團董事長曾經說過：「僅有策略並不能讓企業在激烈的競爭中脫穎而出，只有落實力才能使企業創造出實際的價值。策略的正確不能保證公司的成功，成功的公司一定是在策略方向和落實力上都非常到位。失去落實力，就失去了企業長久生存和成功發展的保障。」他還說：「集團雖未有過面臨死而復生的體驗，但在某些決策的成敗上卻感受到了貫徹落實的威力。」

那麼，如何強化企業的落實力？企業最根本的目的是盈利。因此，每一名員工為了企業的根本利益應堅決貫徹落實企業的經營方針，絕不能為討好主管而盲目落實其有悖於企業經營方針的任何一項指示。要把落實力和企業的目標、理念、文化等互相結合。企業的各級管理人員，應具備灌輸思想和貫徹行為兩種能力，即向員工灌輸企業的經營思想，使之自覺具有堅定不移落實企業經營方針及決策的行為。

人始終是企業中的決定性因素，所有企業的問題，事實上都是人的問題，而只有文化才能改變人的意識，進而改變人的行為。任何新的策略模式都會引來眾多的模仿者，而文化卻是無法複製的。大多數企業經營失敗，就是因為沒有建立起一種落實文化，使落實成為「無本之木，無源之水」。

有些企業的管理者認為自己的角色定位應主要在於闡述企業遠景，負責制訂策略，而具體落實則屬於細節事務，不用自己去做，交給下屬執行就可以了，這種觀念是絕對錯誤的；相反，落實應該是企業領導者最重要的工作，「行」是大於「知」的，真正的管理就是行動。「百分之一的不執行就會導致百分之百的失敗。」

因此，企業落實文化就是無條件落實，一聲喊到底，差一點都不行。「知易行難」是大家都明白的道理，要想使企業獲得良好發展，員工必須克服「行難」的缺點，腳踏實地去做，認認真真去落實，別讓制度永遠成為紙上談兵。

【落實箴言】

「百分之一的不執行就會導致百分之百的失敗。」偉大的目標如不伴隨偉大的落實，那將一文不值。

得到落實的制度才是有效制度

對於一個企業而言，制度的落實是關鍵，有了制度而無法落實等於沒有制度，因此，制度要確保能夠得到落實。

一個新的制度肯定會改變傳統習慣和傳統工作方式，但是，改變一個人的習慣不是那麼容易就能做到的，即使這個制度是符合時代發展、符合企業和大多數員工的根本利益、符合優秀企業文化，也會遇到巨大阻力。

所以，一個新制度從制訂到順利落實，首先需要員工改變自己的觀念，如果做不到這一點，再好的制度也只是一張廢紙，最終也無法得到落實。而L集團正是將制度落實到底最好的代表。

L集團內部有一個延用了十幾年的規定，在開會的時候，無論是誰，只要遲到，就要罰站一分鐘。

在制定這一制度之前，每次開會的時間到了，有很多人總是姍姍來遲，更有甚至，為了忙完自己的手頭的工作，根本就不參加會議。L集團總裁為此十分惱火，於是「如果開會遲到，罰站一分鐘」這種制度應用而生。

不久，L集團又要開會。下午兩點會議正式開始，總裁正襟危坐，環顧四周，輕輕咳嗽了一聲，員工整齊的望著他。他不禁有些得意，想不到這罰站這一招還挺奏效。他再次清了清嗓子，會議正式開始，但是還沒讓他說完會議大綱時，會議室的門打開了，一個人抱著一疊資料站在門口不知進退，好尷尬。總裁定睛一看，不禁大吃一驚。

站在門口的不是別人，正是集團內部的元老，同時也是自己以前的一個老主管，德高望重，一直備受自己的尊重。沒想到，在實行「遲到罰站」制度的第一次會議上，他居然遲到了。

員工們也看到了這位老主管，先是一愣，繼而是低頭竊竊私語：「算了吧，會議才開始五分鐘」，「那怎麼能行，主管遲到也要罰站才能服眾」。

總裁也深感為難，看著把一生都奉獻給了L集團的老主管，他內心十分矛盾，他走到老主管身邊，恭敬接過那疊資料，說：「您就在這站一分鐘，晚上我去您家，給您站十分鐘。」老主管的臉一下紅到了脖子。總裁更堅定了決心，說：「您做個表率吧。不然以後這會議沒辦法開了，所有人都忙，所有人都有理由遲到。」

老主管對總裁的做法十分理解，二話不說，還真在會議室門口站了一分鐘。

還有一次，L集團召開高層主管會議。總裁為了這個會提前幾天就準備好了資料，開會當天，總裁走進了會議室電梯。不巧，電梯突然出了故障，卡在兩層之間，總裁上也上不去，下也下不來，十分著急。無奈，他只好等電梯維修人員了來排除故障了。

電梯很快就修好了，總裁迅速衝向會議室，可到了會議室，會議已經開始很長時間了，大家都坐等自己，總裁感覺十分慚愧，沒多做解釋，轉身站在了會議室門口，罰自己站了一分鐘。

開會遲到，就要罰站一分鐘，這是L集團集體的制度，每位員工都要嚴格執行，總裁當然也不例外。正是在這種管理風格，才使L集團走上茁壯的道路，成為一家著名的國際化科技公司。

由此可見，一家企業想要做大做強，就要建立一個完善的，並且能得到落實的制度。相反，有了制度沒有去落實或者落實不到位，遲早會出問題的。

某市一家小公司財務處在二〇〇四年十一月發生重大案情：財務室的門被撬開，室內的保險櫃敞開著，櫃內二十萬元現金不翼而飛。這筆資金是公司第二天急需的款項，如今沒了著落。

一起盜竊案也許沒什麼值得大驚小怪，但讓人奇怪的是該公司失竊的保險櫃是最先進的保險櫃，上面配有報警、電擊和密碼裝置，並且由電腦控制著密碼系統。在這樣一個完備的安全系統下，竊賊究竟是如何得手的呢？

經查證得知，原來這一切都是由於使用保險櫃的出納員不遵守規定造成的。公司對財務室的管理有一整套的規章和制度，雖然是這樣，但這位出納員卻不按規定去落實。他個人認為保險櫃雖好，但使用非常不方便，於是長期擱置不用。直到一個月前，他因為丟了舊保險櫃的鑰匙，所以才把這個高科技產品從角落裡「請」了出來，但他又怕一不小心遭電擊，於是就沒有插電；怕記不住密碼，就按照數位大小順序編了一到六的號碼；又怕把鑰匙弄丟，索性把鑰匙直接放在辦公室抽屜裡。結果，竊賊在他的辦公室裡沒有動用任何工具就把保險櫃打開了，這個竊賊大概自己都感到非常幸運。

儘管警察在第三天就將犯罪嫌疑人逮捕，但是，該公司因一時無法籌集購買原料所需的資金而不能按時交付訂單，失去訂單，最終錯失商機，一個巨大的客戶被同業搶走，損失龐大。

非常明顯，事件起因在於出納員沒有落實財務規章制度。制度制訂的目的是讓員工有章可依，有助於實際生產和工作，從而提升企業的落實力。因而，我們要確保制度的有效落實。那麼，對於規章制度，究竟應該如何去確保落實呢？應注意以下幾點：

■自己首先要做到

如果你是公司的一個領導者，卻視規章如兒戲，則可以想像你的下屬豈會把規章當回事；在這裡，「只許州官放火，不許百姓點燈」的做法，是絕對行不通的。

■建立群眾及輿論監督機制

處罰每一個違章的人，讓他們曝光，讓大家知道是誰在損害大家的利益。如此一來，輿論的力量就能夠讓那些人無地自容。

■建立適合自身發展的企業文化

倘若在公司內部形成一種「遵守規章制度可敬，違反規章制度可恥」的氛圍，還有誰會斗膽去觸犯它呢？即便觸犯了，自然會有人出來撻伐。這些都需要長期對員工進行職業道德及敬業精神的教育，而且還要讓他們看到，在公司內遵守規章制度就會得到好處，違反規章制度就會受到相應的懲罰。

不符合實際的制度只會阻礙公司的發展，不完善的制度又會讓彼此之間互相推卸責任，最終人浮於事。所以，制訂規章制度時必須用心細緻，這樣才能確保制度得到有效落實。

有些制度並不是以客觀情況為基礎的，而有些制度本身就有缺陷、不夠合理，這些都不能有助於提升企業的落實力。

總之，若發現公司規章制度不合時宜，必須及早廢止，重新制訂，或適當修改、加以完善。千萬不要故步自封，否則此項制度將隨時日之變遷，更加脫離現實。

【落實箴言】

不符實際的制度只會阻礙企業的發展，不完善的制度又會讓員工彼此之間互相推卸責任，最終可想而知。

電子書購買

國家圖書館出版品預行編目資料

精準落實（修訂版）：八大落實哲學，工作效率雙倍升級 / 徐書俊著 . -- 修訂一版 . -- 臺北市 : 財經錢線文化事業有限公司 , 2022.12
面； 公分
POD 版
ISBN 978-957-680-548-6(平裝)
1.CST: 成功法
177.2　　111018287

精準落實（修訂版）：八大落實哲學，工作效率雙倍升級

臉書

作　　者：徐書俊
發 行 人：黃振庭
出 版 者：財經錢線文化事業有限公司
發 行 者：財經錢線文化事業有限公司
E-mail：sonbookservice@gmail.com
粉 絲 頁：https://www.facebook.com/sonbookss/
網　　址：https://sonbook.net/
地　　址：台北市中正區重慶南路一段六十一號八樓 815 室
Rm. 815, 8F., No.61, Sec. 1, Chongqing S. Rd., Zhongzheng Dist., Taipei City 100, Taiwan
電　　話：(02) 2370-3310　　　傳　　真：(02) 2388-1990
印　　刷：京峯彩色印刷有限公司（京峰數位）
律師顧問：廣華律師事務所 張珮琦律師

定　　價：330 元
發行日期：2022 年 12 月修訂一版
◎本書以 POD 印製